中公文庫

忘れられた日本

ブルーノ・タウト
篠田英雄編訳

中央公論新社

25.12.35

Mein lieber

Herr Shinoda,

Heute ist Weihnachtstag, alter heidnischer Fest der Wintersonnenwende. Man denkt an das Gute des alten Jahres zurück, an das, was ins neue hineinleuchten wird. Und da spielen Sie und Ihre Freundschaft eine grosse Rolle, und ich mir meine Dankbarkeit.

So möchte ich Ihnen zum Neuen Jahr alles Gute wünschen, beste Arbeitskraft durch gute Gesundheit, Erfolg und viel Freude.

Mit herzlichsten Grüssen, auch von meiner Frau – wie schön wäre es, wenn Sie uns besuchen würden! –

Ihr

Bruno Taut

目次

忘れられた日本

日本美の開顕

私は日本建築をどう見るか

日本の建築も、諸国の建築と同じく、外国から多くの影響をうけている。しかしこういう影響があるにも拘《かかわ》らず、どこの国の建築にもそれぞれ頂点があって、その国に特異なもの、独自なものを建築形式のなかに顕示しているのである。ところが日本の国民や建築家にとっては、かかる純粋な国民的建築というものは、必ずしも関心の中心ではない。つまり日本人として、もともと国民的特性を自己のうちに所有しているのだから、この国における建築の発展の為には、寧《むし》ろ諸外国の影響を摂取することの方が肝要だと考えているのである。しかし、日本の現代建築だけが欧米の影響をうけているというのではない。日本の古建築にしてからが、――シナ文化の同化克服はもう古い歴史に属しているにも拘らず、――重厚で規模の広大なシナ建築の影響を示しているのである。

ところで外国人たる私が、日本建築のなかに、日本的建築――換言すれば建築として優れていると同時にまた日本的でもあるような建築を求めるのは、もとより当然であろう。実際にも私達は、外来文化に依存して生じたものには比較的無関心であるが、それだけにまたこの国の古典的建築には強い愛着を感ぜざるを得ない。もちろんその場合にもいくつかの中間的段階がある。そしてこういう段階の一つとして、著しい特色をもっているのは古都奈良である。ここは当時仏教に伴って新たに伝来したばかりのシナの精神的世界が、活潑《かっぱつ》に摂取せられた地である。実際、奈良では一種独特の雰囲気が感じられる、それも有名な大社寺（春日大宮などはさすがに強い感銘を与えはするが）よりは、寧ろ春日神社の境内にある小さな摂社（春日若宮）に一層深く感じられるし、更にそれよりも新薬師寺や十輪院に著しい。しかしこういう社寺そのものよりも、却《かえ》ってその近傍の道路とか、民家の土塀の間に敷かれている石だたみとか、或《あるい》は物さびた広場——とりわけ二月堂や良弁杉の下方にある広場などに一段と感銘の深いものがある。

奈良では、——京都及びその附近の諸建築や、また鎌倉などにある同じ様式の流れを汲むものもそうであるが、——シナ仏教の影響と巧みに折合いをつけた仕方、つまり感受性の濃《こま》やかな、しかも日本独自の力を十分に発揮した仕方こそ、観る人の心を唆ってやまない。そういうものの一つの頂点は法隆寺である。このような建築は、外人観光客にもてはやされている頽廃的な建築、例えば——ほかで日本のすぐれた建築を満喫してきた眼が日光で見るような、あの堕落した建築とは全く没交渉である。桂離宮と同じ時代に造営された日光廟《びょう》こそ、日本建築をいかに見ねばならぬかという問題に、究極の解決を与えるであろう、しかしこれはひとり外国人にとっての関心事にとどまるものではない。

夥《おびただ》しい彫刻や、床にまで施した豪奢な漆塗に外人観光客の眼をみはらせる日光廟のようなもの、――こういう代物なら世界の到るところにある。シナ、シャム、インド、ジャワ、アラビア、エジプト、トルコ、ロシア、イタリア、フランス、オーストリア、ドイツ、ベルギー、英国などで評判の名所を、頭のなかでひとわたり点検してみれば、日光がいかに評判の観物であるにせよ、諸国の名所に比べれば全く物の数でないことが判る。そうだとしたら、日光を見物するためにわざわざ日本へやって来るのは無駄骨折だということになる。ところが桂離宮は、これとはまったく趣を異にしている。桂離宮のようなものは、全世界に絶対に存在しないのである。これこそ純粋の日本であり、またかかる小日本ともいうべきものが日光と同時代に建築せられたからこそ、尚さら歎賞に値するのである。まことに桂離宮は、世界的意義を有する業績である。当時の日本は、シナ及び朝鮮（幾分はまたインド）の圧倒的な影響を蒙ったあとで、深く自己を省思するとともに、文化において新時期を劃《かく》するに足るほどの力を具有していたのである。しかし小堀遠州《こぼりえんしゅう》は一体どうしてこの絶大な業績を成就し得たのであるか。私はいつか大徳寺（孤篷庵《こほうあん》）にある遠州の墓前にぬかずき、また彼の旧居をつぶさに視たことがある。この庵では一つの部屋、即ち遠州の居間（忘筌《ぼうせん》）だけが、彼自身の手になる純粋な作品と認めらるべきであろう。この部屋の卓抜な点は、飽くまで単純なところにある。床の間の落掛《おとしがけ》は長押《なげし》よりも高くないし（これは今まで私の知っている唯一の例である）、また床柱にも特別な銘木を使っていない。それにも拘らずあらゆる部分の釣合が円満な調和を示し、そればかりか縁先には、私がほかでは曾《か》つて見たこともない独創的な工夫が施してあった。それは坐った時の頭の高さよりもやや上に取つけられた障子窓であるが、この下方は開け放たれているのである。

この室《へや》の語るところはこうである、――ここでひとりの人物が、生涯の最も円熟した数年を真摯《しんし》な哲学的工夫に費し、その静寂な境地から遂に安心を逮得して、日本建築をバロック的、際物的な影響からよく解放し得たのであると。そこで私達は、今日の日本における現代建築の為にも、桂離宮のようなすばらしい業績がいかなる生活条件のもとに成就せられうるかということに思いを致さねばなるまい。銀座のビジネスマンたる現代建築家、つまりお得意先を数限りなく廻り歩き、カフェに通い、酒に耽《ふけ》り、商売の忙しさにかまけて静かに思念する暇を殆《ほと》んどもたないような建築家、――こういう人達から、日本が新建築の創造を期待できる筈はない。しかも今日かかる創造的建築家を必要とすることは、三百年以上も前の小堀遠州の時代とまったく異るところがないのである。日本が、よく今日の要望に応えうるような建築家をもち、またその人に嘗《か》つて小堀遠州が求め得た条件と同様の条件を与えるようになる迄には、実に長い歳月を待たねばなるまい。小堀遠州は大名であった（大名であるということが、当時何を意味したかは、日本人なら誰でも知っている）、彼は剃髪して隠棲し、桂離宮の造営については三箇の条件を提示して建築主の承認を得たという。即ち第一は、建築主は竣工以前に来て見てはならない、――第二は、竣工の期日を定めてはならない、――第三は、工費に制限を加えてはならない、というのである。このようにして創造せられたものが、即ち極めて簡素でありながらしかも精神的には極度の洗練彫琢をへた桂離宮の建築と庭園とであった。日本の古典的作品は、実にこうして生じたのである。

ところが当時のすぐれた創造的精神は、今日でもなお死滅していないのである。現代の日本には、太古の日本的建築が如実に存在する。古来二千年にわたって西洋建築に影響を与えているアテネのアクロポリスをこれと比較してよければ、日本はいわば日本のアクロポリスをもつ、――即ちそれは伊勢神宮である。しかし伊勢神宮は（なかんずく外宮が最もすぐれている）、アクロポリスのような廃墟ではない、二十一年目毎に絶えず造替せられて、日本人の眼前にいつも新鮮な姿を示している。これはまさに世界無二の事実である。またその材料、構造及び釣合の純粋無双なことも、余の世界のとうてい及び得るところでない。日本人は伊勢神宮を国民の聖祠として崇敬している。まして日本の建築家ならば、尚さらこれを建築の聖祠として尊崇してよい。この建築の美しさを絵画や写真で示すことはまったく不可能である。それだから世界の建築家は自ら親しくここへ詣でねばならない。日本という国土の成就したこの飽くまで独創的な業績は、独創的なるが故に全世界の所有たる作品になっているからである。まことに外宮は建築の聖祠である。

伊勢神宮は、日本の真の古典的建築である、しかもこれを初めて建立した建築家の名すら伝わっていない、あたかも諸神の賜物さながらである。また小堀遠州は、伊勢の精神にもとづいて日本建築を改革した最初の建築家である。日本が第二の改革者をもつのは、いつの日であろうか。

桂離宮

　私が日本に着いた翌日、——つまり私が初めて朝から晩までを日本で過した最初の日*に、私は京都郊外にある桂離宮をつぶさに拝観するという最大の幸福をもった。そののち日本の旧《ふる》い諸建築から得たさまざまな経験から推すと、第十七世紀に竣工したこの建築物こそ、実に日本の典型的な古典建築であり、アテネのアクロポリスとそのプロピレアやパルテノンにも比すべきものである。私は日本を訪れる数週間前に、旅行の途次たまたまギリシアのアクロポリスを観ているので、両者から受けた印象が実によく似通っていることを断言できる。アクロポリスでもまた桂離宮でも、そこに見られるものは数世代を経て洗練を重ねた結果、特殊なもの偶然的なものを悉《ことごと》く脱却した純粋な形式である。即ちアクロポリスでは石造建築の、また桂離宮では木材と紙及び竹を用いた建築の、それぞれ見事に完成せられた技術にほかならない。従って両者はいずれも円熟の極致に達しながら、しかも同時にまた小児のごとき純真無邪の特性を具えている。アクロポリスは爾来《じらい》二千年に亘《わた》って絶大な影響を与えてきた、恐らく将来とてもまた同様であろう。世界の到るところに見られる、アクロポリスの柱列の笑うべき模倣も、この建築から発する強烈な力に一指をも加えることはできない、アクロポリスは一切の定型を超越しているからである。

＊一九三三年五月四日。

このことは桂離宮についてもまったく同様である。私は古典的偉大を具現している桂離宮が、あらゆる日本的なものの標準になっているという事実を、絶えず多くの識者について確め得て非常な喜《よろこび》を感じた。そこでしばらく桂離宮の考察を続けてみたい、この建築の聖所は、諸他一切のものを遍照しているからである。

まず離宮の外まわりに近づく。すると清楚な竹籬《たけがき》からして、背後に秘められているものが何であるかを語っている、――まことにこれは、人間的なものが宮廷の儀礼や威儀に圧倒せられているようなヨーロッパ的意味での『宮殿』ではない。ヨーロッパ人としてその前に立つと、このような自然そのままの素朴な垣のうちにどんな『宮殿』があるのかと、心のときめきを覚えざるを得ない。総じて入口に事々しいあくどさを避けるのが高貴の家柄の慣わしであることは、のちに日本をもっとよく識ったときに初めて判るのである。葉山御用邸の正門には皇室の御紋章すら附してない。日本には限りなく美しい門が無数にあり、そこに住む人の高雅なことを、華麗豊富な装飾によってではなく、用材の入念な選択とその見事な加工とから生じた純正な釣合によって暗示しているのである。私は諸方の都会で住宅の塀や生籬《いけがき》、門、或はまた深い念慮の末に植込んだ前栽《せんざい》のある玄関道などが、やはり単純明快な古典的特性を具えているような街を見かけた。田舎の町や村にも同じ精神が活きている。こういう落着いた住宅街を自動車で通りすぎるのは、あたかも高貴な美を収めた一巻のフィルムが、絶えず変化しながらしかも同時に見事な調和を示しつつ、いささかも唐突の感を与えずに展開する画面を眺めるような印象である。だがこのような美しさは、決して写真では判らない。天皇の夏の御別業であった京都の修学院離宮には、御苑のなかに稲田をも芸術的に取りいれてあり、天皇みずからも農夫と共にこの稲田の耕作にいそしまれたと伝えられている。桂離宮の玄関もまたそれ自身のもつ雰囲気を超出して、模範的効果を与えているのである。

桂離宮の御殿と御庭とは一の渾然たる統一体であり、人馴れた蜥蜴《とかげ》や雨蛙、亀のような動物までもこれと一体をなしている、御殿入口の前庭にある建物（附属舎）は、いかにも趣深いものであるが、それは芸術史の諸著の示す概念に従えば、恐らく建築と称し難いものであろう。ところがここに取りつけられている竹の軒樋《のきどい》と竪樋とは、実用的な必要を充しているると同時に、また見事な建築様式なのである。単に実用的でありさえすればよいという素朴な立場から見ても、機能主義はここで間然するところなく実現されているのである。現代の建築家は、桂離宮がこのうえもなく現代的であることに驚異をさえ感ずるであろう。実にこの建築物は、種々な要求を極めて簡明直截《ちょくせつ》に充たしているのである。戸や窓の高さは、厳密な基準に従って定められ、個人的な偶然に支配されているという印象を

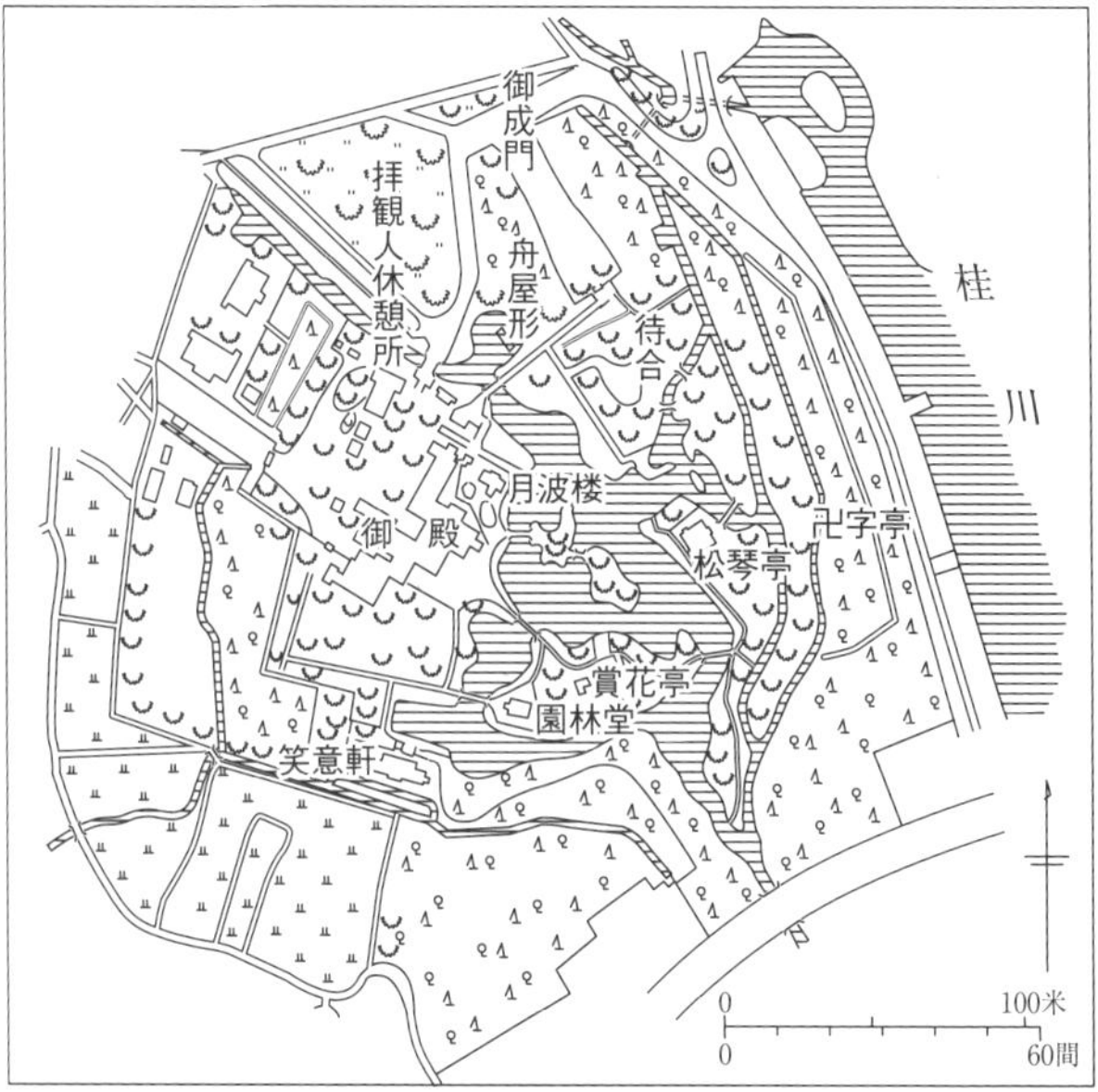

桂離宮全図

いささかも与えない。またそれだからこそ現代の建築家も、かかる旧い時代の建築を、安んじて引合いに出すのである。しかし彼が実際に真摯な気持でこの建築物を拠りどころとするならば、建築家としての彼の責務はまさに桂離宮によって著しく重大にならざるを得まい。極めて簡素に見えるものも、仔細に観察すると実は稀有な醇化《じゅんか》の成果だからである。この建築で雨樋の設備に少しも仰々しいところがないのは、現代の合理的な建築物におけると

桂離宮平面図

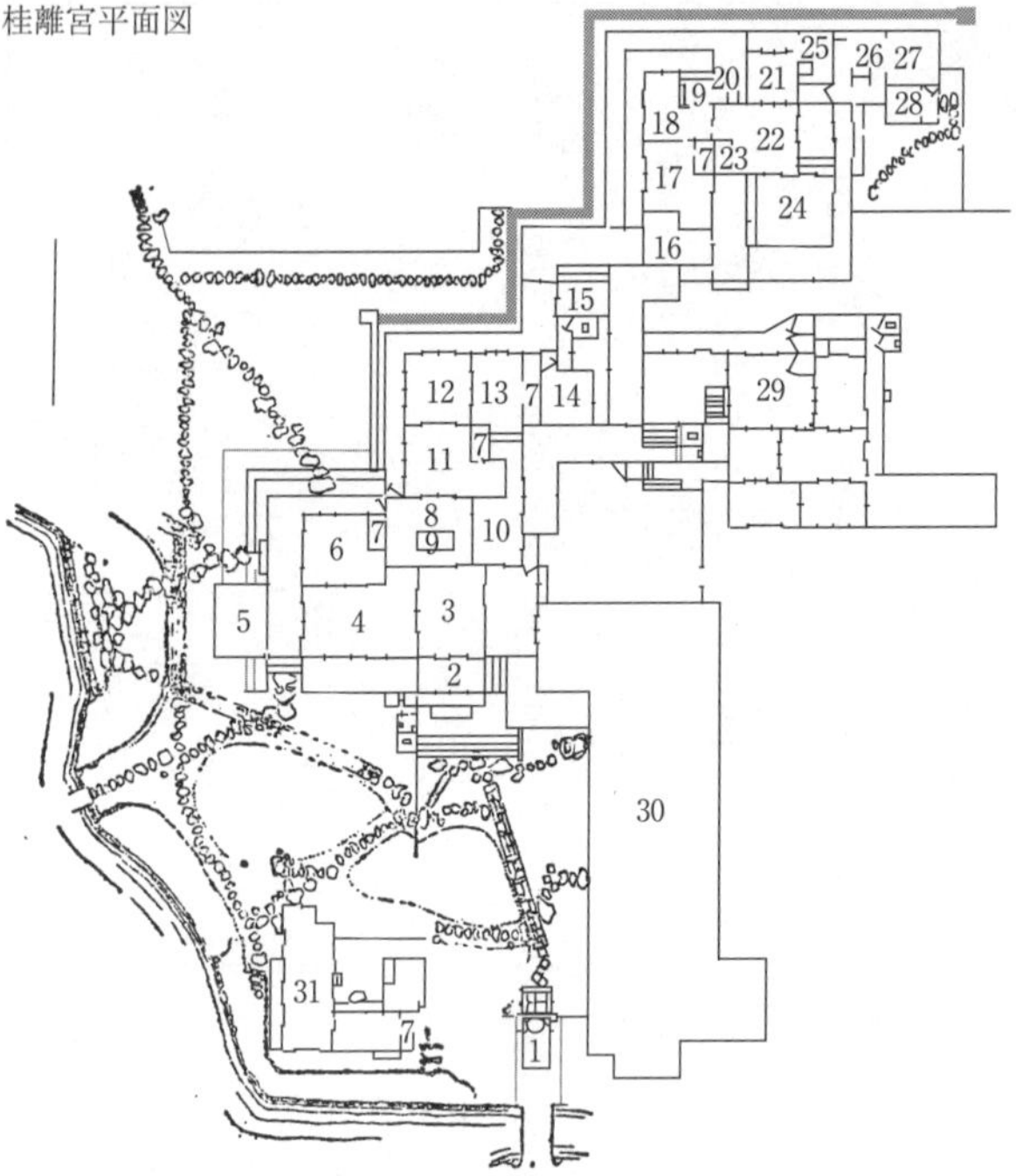

1　中　門
2　御輿寄
3　鑓の間
4　古書院二の間
5　月見台
6　古書院一の間
7　床の間
8　囲炉裏の間
9　囲炉裏
10　詰　所
11　中書院三の間
12　中書院二の間
13　中書院一の間
14　御湯殿
15　楽器の間
16　水　屋
17　新書院二の間
18　新書院一の間
19　上　段
20　桂　棚
21　御化粧の間
22　御の寝間
23　棚
24　御納戸
25　御用水の間
26　御　厠
27　御湯殿
28　上り段
29　御役所
30　附属舎
31　月波楼

まったく異るところがない。しかし実際生活の要求のみが問題となるところでも、単に実用的という立場だけから片附けられてはいない。建築物の内部で営まれる日常生活は、これを使用する人々の自然的な動きによって特殊な機能を形成するものであるが、桂離宮がかかる機能をも極めて些細な点にいたるまで見事に充足しているということこそ、この建築物が古典的意義をもつ所以《ゆえん》なのである。他の古典的建築物——例えばアクロポリスの廃墟などでは、往時ここで営まれた生活を建築物そのものによって確認したり、またこれらの建築物が充足していた種々な機能を闡明《せんめい》することは、今となってはもう不可能である。ところが桂離宮については、このことを完全に行い得る、日本の住宅は、現代でも桂離宮とまったく同一の特性を多分に保有しているからである。

ところで私は桂離宮の前庭について語っていたのであった。昔ここに貴人の御輿《みこし》がおろされた中門の前をよぎる一筋の道の尽きるところに、可憐《かれん》な一株の小松が植えてあり、そのうしろには単純な水路につづく池が見えるだけである。ところがあとで御庭の内部から庭そのものを逐一知り尽しても、いま眺めたような淡々として他奇のない趣はついに見出し得ない、しかもこの眺めこそ、実は御庭の唯中《ただなか》まで達していたのである。また御幸道に架してある橋からも、やはり他奇のない池景を見るだけであるが、この眺めもやはり本来の庭園そのものの中に及んでいたのである。このこともまた、その精妙巧緻な点において、凡《およ》そ造園の模範である。なにげなく通りすがる人の眼には、他奇のない中正な趣しか映らぬような極めて単純な庭園でも、これを範とすることができるであろう。

中門を過ぎて前庭に入っても御殿本屋への眺めは植込に遮られている。青苔を帯びた敷石道は、まず曲折して、それからやや斜めに左方に向っている、これは深い思慮に出ずる心にくい形式である。右方には自然石さながらの数個の石が飛び飛びに配置されて、側路を形づくっている。苔のなかの敷石は、この辺から初めて、斜めに玄関（御輿寄）に向っているのである。しかしこの道からもまだ御殿の内部を見ることはできない。これに反して玄関の間と直接これに連る二つの部屋（鑓《やり》の間と古書院・二の間）との軸は、植込のなかの燈籠《とうろう》に向っているので、御殿の内部からの眺めは、前庭にもその支点を求めることができるが、しかし玄関を訪う人の動静とはまったく没交渉である。

このような設計もまた今日にいたるまで、すぐれた前庭と入口との模範になっている。極めて簡素な家でも、入口は生籬か或は――場所が狭いときには、――竹垣で隠されている。さもなければ、門から玄関への道は殆んど例外なく斜めにつけてある、これは農家や寺院にすらしばしば見かける手法である。そこで、さきに述べたように、外から中庭や家屋に向う眺めが豊かな芸術的印象を与えるのである。かかる手法は、芸術的意味において家屋にいわば動きを与える最もすぐれた要素であると同時に、屋内の生活を街上の動静から隔離する素晴らしい方法でもある。同じ理由から、門もまたしばしば街路に向って斜に設けてある。それだから道路そのものは極めて単純であっても、街景は著しく豊かになるのである。

そこでいよいよ御殿の中へ入ってみよう。部屋そのものの調和的な落着きは、とうてい言葉で言い現わすことができない。わずかに用材、壁塗、極めて控え目な襖絵《ふすまえ》、また襖絵のないところでは襖紙――これらのものの見事な調和を語るのがやっとである。外国人の眼に希代に思われるのは、障子を閉めきった部屋は深い静けさを湛《たた》えているのに、障子をあけると『絵』のような庭があたかも家屋の一部でもあるかのように、突然私達の眼前に圧倒的な力をもって現出することである。一般に部屋の壁面は、すべて庭の反射を映じるようにあらかじめ配慮せられているものである。このことは、部屋全体にとって支配的な意味をもつ、庭の光はくすんだ金銀の色の襖紙に強く反射するからである。

しかし桂離宮は、この点についても細い心遣いを示している。桂離宮よりものちに造営せられた建築物だと、襖地に描かれたくすんだ色の金雲模様は庭の光をもっと強く反射するのであるが、この古典的建築は、ここでもまた止るべき限度を明かにしている。単に着想だけが取りあげられて、その着想のもつ真の妙味はかえって忘却せられてしまうのが、残念ながら殊妙な事物の出会う運命である。そこでどこの国にも夥しいいかものができ上るのである。日本にも、外国人の眼ではいかものであることを識別できないようないかものがある。それはいわば美の過多である。日本人のうちにも、かかる過ぎたる美を悦び、美の過多は一朝にして美の過少――換言すれば醜悪に化するものであることを忘れている人達がある。この点は私の接した日本のもつ他の面である。

＊　＊

見事な林泉をもつ修学院離宮では、庭の反射をまったく壁の色だけで吸収している、しかもその壁は赤く塗られているのである。――これは実に驚くべきことだ、私は未だ曾つてこのような意匠を見たことがない。くすんだ杉材が御殿（下《しも》の御茶屋・寿月観《じゅげつかん》）の輪郭を構成している。このうえもなく簡素な天皇の御居間――その広さは僅《わず》か八畳にすぎないが、しかし単純明快の極致である、これもまた私の曾つて見なかったところである。これほどの簡素を創造してしかもここに住われるということは、実に最高の教養を前提する。壁の色の赤い理由は、御居間の前の御庭のたたずまいから説明することができる。秋になると、ここに植えてある楓《かえで》の紅葉は、壁の茜《あかね》色にそのまま吸収されるのである。今日では住宅の居間に、よく黄、黄茶或は鼠などの伝統的な色が、様々の色合で用いられている、これは料理屋などでも同様である。こういう色は、なるほどそれ自体としては控え目であるが、しかし大方は用材に応じてまったく型にはまった選択が施されているに過ぎない。旧い建築物の色彩は、うち見たところ極めて単純である、しかしそれは常に用材のみならず庭園及び周囲の風景のもつ色調と厳密に調和しているのである。例えば修学院の御苑にある小高い丘上に設けられた上《かみ》の御茶屋（鄰雲亭《りんうんてい》）から遠近の山野を一望のうちにあつめるところでは、壁の色は柔い淡黄色である。また特殊な例外として、京都下村氏の旧い別荘では、壁に濃い若竹色をつかっている。ここに常ならず緑色が使用されているのは、この家屋が木立の鬱蒼《うっそう》とした谷間に位置しているからである、つまり谷の深緑は壁の若竹色にさながらに吸収されるのである。のみならずここでは、床の間に一段と濃い緑色をつかっている。私が特にこのことを問題にするのは、近頃の家屋の多くが、緑から納戸《なんど》（青緑）色にいたるまで様々な色合を無意味に用いているからである。これは襖地によく見る金雲模様と同じく、真に美しくあるためには、あまりに『美し』すぎるのである。

桂離宮の叙述を続けることにしよう。元来日本の大工は、優にヨーロッパの指物師に匹敵するすぐれた技倆をもっているにも拘らず、桂離宮では近代の――それも豪奢な日本家屋にしばしば見かけるような変った意匠の（例えば薄板と竹とを交互に編合わせるというような）天井張りを用いなかった。この点については、修学院離宮もまた最高の模範を示すものである。当時の大工がこのような変った型を今日の大工と同様にこなし得たことは、茶室がこれを証明している。しかしこの時代には、技術を自在に駆使し得たばかりでなく、形をも意のままに取捨することができた。かかる古典的建築物の偉大な所以はまさにここにある。例えば桂離宮の床の間の取扱い方はどうであろうか。新書院上段の間に通じる控えの間（二の間）の床の側壁には、波状楕円形の吹抜窓が穿《うが》ってある。床の間の構造は極めて簡素であり、またその輪郭に施された微細な変化はよほど鋭い眼をもって見ないと識別できないくらいである。実際ここは、日本家屋でややもすればひどい没趣味に堕しやすい個所である。床の間は、イギリス家屋の壁付暖炉と同様の意味をもっている。それは部屋を構成する線の荘重な交点であって、私の友人はこれを日本の剣道の打込みに比している。イギリス風の壁付暖炉は、従来のイギリス家屋では極めて簡素であったが、近頃では感傷的なものをごてごて飾りたてる場所になってしまった。ところが日本家屋の床の間にも、その脇に違棚や床棚などを設けるようになってからは、やはり面白からぬ現象が生じた。加うるに茶室の床の間のもつ特殊な性質を普通の家屋の居間にも移入して、床柱に木瘤《きこぶ》だらけの銘木を用い、そのうえこれにごってりした塗料をさえ施している。また時には床の間の壁までもけばけばしい色で塗りたて、ここに仰々しい掛物を吊すにいたっては、まことに沙汰の限りである。修学院の御居間の床の間は清浄な白壁である。元来茶室は、一般家屋の居間と異り、いわば極めて特殊な建築的抒情詩である。茶室の床の間は、その形式も自由であり（時には凹みのある普通の床の間の代りに、天井に接して壁だけをやや斜めに附したものもある）、また床柱や落掛などに特別な自然木を選び、天井も竹張りなどにしている。しかしかかる自由は、このような材料を用い得ていわば建築詩をものする宗匠の高い教養によって制限されていた。だが鵜《う》の真似をする烏《からす》までかかる詩作に手出しをするにいたっては、まことに禍なる哉《かな》である。

このような怖るべきいかものの実例は、諸方の旅館でしばしば見かけるところである。

既に述べたように、桂離宮では寸法の規準が甚だ厳密であるにも拘らず、釣合は決して型にはまった規矩《きく》に従っていない。のちにコルビュジエにも影響を与えたベルラーへの理論を信奉する現代建築家が、桂離宮の諸室の見取図に対角線を引こうとしても、絶望するばかりであろう。このような建築物は、究極の美しさが合理的に理解せられ得ないからこそ古典的なのである。その美はまったく精神的なものである。

このことは、桂離宮の御庭を見れば極めて明白である。賓客の控えの間（古書院・二の間）の前に細竹を並べた縁台――『月見台』が設けてあり、ここからのみ池景のある御庭全体を見渡すことができる。それは実に泣きたくなるほどの美しさである。変化の妙を尽した林泉のたたずまい、――池中の岩の上に甲羅を干している亀は、或は首を高くもたげ、或はどぶんと音をたてて水中に沈んでいく。これは、ヨーロッパ人の眼にはまったく特殊な新らしい美――即ち何ものにも比べることのできない絶対に日本的な美である。ここで我々の眼をいわば陶酔させるところのものは何であろうか。まずこのことを説明する前に――つまりこの御庭全体を知性によって分析する前に直接感じられるのは、ここに用いられている造園術が観る人との関係と連関とを極めて巧緻な形式によって表現していることである。この無限に豊富な関係は殆んど息づまるばかりであり、最初はこれを解釈すべき手がかりをすら見出すことができない。しかしやや長く熟視していると、御庭の結構は次第に明白となり、眼は主要な線に沿うて静かに動きやがて全体を理解することができるようになる。それにはまず、池畔に設けられた舟付場の斜線を辿るのが最もよい、――この舟付場は、ほかでもしばしば見かけるように、乗り降りする人達の便をはかって小舟を斜に岸につけるようにしてある。すると視線は、その動きのままに一連の躑躅《つつじ》の植込をたどり、更に御堂（園林堂《おんりんどう》）と四阿《あずまや》（賞花亭）とに通ずる橋に達する。ところが御苑の他の部分は、このあくまで社交的な性格といわば対峙しているのであって、そこには最高度の分化が成就せられているのである。私達は、この分化をもう以前のようになおざりに見ることはできない。しかしここではまだ、無限に豊富な連関が感じられるだけである。いずれにせよ御庭全体を見渡す豊富な眺めは、古書院控えの間（二の間）の前に設けられた月見台からしか見られない（向いの島のなぞえに一基の燈籠があり、その燈火は夜の蛍を誘いよせ、池水に映る蛍の光は月見台から賞翫《しょうがん》されるのである）。これに反して新書院の御居間に面する御庭には、簡素な芝生と樹木とがあるだけで、造園術らしいものは何ひとつ見られない。他奇なき日常生活においては、佳麗な眺めが絶えず眼前に遥曳することは、貴重すぎると考えられたからであろう。或はまた簡素な起居の安らかな落着きを擾《みだ》さぬためであったかも知れない。ここの御庭には、庭石ひとつ置いてない、――凡そ『造園術』らしいものは全く用いられていないのである。すべては、芝生と果樹としかない農家の庭を偲《しの》ばせる。

いう迄もなく日本の天皇におかせられてこそ、このような簡素極りなき芸術を成就せられ得たのである。私は桂離宮のこの部分ほど『造園術』の皆無な日本庭園を未だ曾つて見たことがない。これに反して御庭の複雑な部分は、丁度これと反対の側にあって、新書院の御居間からはまったく見られない。こういう巧緻な庭園はそれみずからの言葉をもっている、その言葉はしかし、日常生活には調子が高すぎるのである。ところが新書院のこの簡素な御庭のようなものはどこにもない、――日本にすらほかには存在しないのである。心を尽して建てられた豪華な邸宅には固《もと》より見ることができない、かかる建築では、何かしら遊玩的な感傷を満足させるようなものが居間から見えないと承知しないからである。

ところで御庭の複雑な部分というのは、どのような構成であろうか。それは茶室（松《しょう》琴《きん》亭）への道を辿り、また更にその先へ歩みを進めるときに初めてよく理解することができる。まず森と苔むした樹下路とが素朴な風景を展開し、これに続いてせせらぐ小流の田園詩が現われる。更に進むと、道は荒磯を思わせるような小石の上に出る。その荒涼とした様は池中に突き出た岬の『外』端に立つ燈籠によって一段と強められている（天の橋立）。そこから森に入ると、茶礼に赴く前に憩う亭（四腰掛或は卍《まんじ》亭ともいう）がある。四つの腰掛は、ここに坐る人々が互に真正面から向き合わずに、向いの人の横顔をかすめて外を眺めるように配置されているのである。卍亭から茶室に向う道は、粗硬な石塊の間を通っている、それは人を招くというよりも寧ろ『静慮せよ！』と厳しく斥けるかのようである。そこに架せられた長い角石の橋を渡ると、すぐに茶室である。加工した用材と自然木との見事な調和を示しているこの茶室を、言葉で描き尽すことはまったく不可能であろう。私には、極く些細な或る部分が非常に特徴的に思われた。この茶室の二の間に、多種多様な樹から選んで加工した細い木材に、自然木のままの細枝を交えて数十本並べた個所がある、これはまったく材料だけで『多様』を創り出そうとしたものに違いない。さてこの茶室から先の道——つまり茶礼を終えたあとで逍遥する道は、公園にある普通の散歩路と異るところがないと言ってよい。道は池辺に沿うてしなやかな曲線を描き、行手には橋があり、また小丘が築いてある。そのあたりには自然石を巧みに組んだ雨水渠《きょ》があった。ここまで来ると庭園はもう中正な形式を取り戻し、更に御堂（園林堂）や多人数のためのやや大きな茶室（笑意軒）を経て、新書院の近くにある元の大弓場にいたるのである。

このように御庭の諸部分は著しく分化していながら、しかもすべてが相集って一個の緊密な統一を形成している。ここに達成せられた美は、決して装飾的なものではなくて、実に精神的意味における機能的な美である。この美は、眼をいわば思考への変圧器にする、即ち眼は、見ながらしかも思考するのである。

しかし眼が見てしまうと、今度は頭も考え始める、——それも諸他の日本庭園のことを考えるのである。いったい銀閣寺の庭園はどうであろうか。これもまた非常に有名であり、また桂離宮よりもっと古い林泉である。それにも拘らず私は、ここになんの構想も思想も見出すことができなかった。この庭は絵のように美しい個々の部分の寄せ集めとしか思わ

上　桂離宮中書院楽器の間御縁より、御庭を望む
左　桂離宮松琴亭と石橋

れない。しかしこれらの部分も仔細に視ると、やや型にはまっているようである。例えば岬や島の突端には必ず一個の石が据えてあり、また橋の際にはきまって一株の樹が植えてある。もちろん私とても、この林泉全体の美に疑念をもつものではない。これを築造した人（相阿弥）は同時に有名な画家であり、彼の手になる見事な掛物は銀閣寺に蔵せられている。恐らくこの庭は、シナの庭園に則って設計せられたのであろう。しかし作者は親しくシナを見たことがないので、シナ建築独自の高大な容積を知らなかった、——実際、シナ建築にこの容積がなかったならば、徒《いたず》らに怪奇に堕するのみである（この点は、日本建築においてしばしば危険な役割を演じて来たように思われる）。いずれにせよ日本では、銀閣寺の庭園が非常に古く、また非常に美しいものであると教えられて来た。広く流布している甘い浪曼的な造園法の淵源を尋ねると、遺憾ながらその一をこの庭園に見出さざるを得ない。とにかく銀閣寺の庭園では、個々の部分についてその意味と根拠とを求めても、これを絶対に見出すことができないのである。そこで私達は『不合理なるが故に我信ず』というカトリック教の信条をこの庭園にも移して、『それは無意味なるが故に美しくなくてはならぬ』と言うよりほかに仕方があるまい。

しかし銀閣寺のような奇妙な庭園は別としても、既存の地勢に自然的な形を賦与して、天真の雅趣を打出すことは、言う迄もなく極めて困難である。この点において修学院離宮の林泉は、日本の典型的造園術の提示するすぐれた模範の一である。かかる造園は、茶室の建築と同様に至難ではあるが、しかし偉大な才能にとっては同じく容易でもある。近代の庭園の多くは甚だ精巧であるにも拘らず、このような古典的模範に比すれば過剰であり、従ってまた遊玩的な印象を与えるのである。

　とはいえ日本の古典的芸術は、なお多くの可能性を蔵するものであり、日本的なものは必ずしも抒情詩的繊巧に尽きるのではない。ここで私は修学院離宮の技巧をこらさぬ庭園を挙げるに止めるが、生籬の間を通ずる小径《こみち》、淡々とした遠望、――総じてこの自然的な造園はほとんどイギリス風の庭園を想わせ、またその規模の雄大は、実に国際的性格をすら具えている。中の御茶屋（楽只《らくし》軒）に通ずる路とか、また入口の門などでも植込や竹籬のようなものこそ日本的であるが、その他の点はすべて国際的であると言ってよい。まことに修学院離宮の御庭は、日本人の世界主義的《コスモポリチック》な考方を早くもこの時代に表現したものである。

　かかる庭園形式は、桂離宮や修学院離宮の建築物と同じく、他奇のない中正な趣を具えている。形式がこのように自然的であるならば、当時の人々の生活や態度、また人間相互の関係なども同様に自然的であったと考えてよい。

　修学院離宮の御苑にある簡素な木橋（楓橋）と、そこに示された大工のすばらしい技倆とを見るがよい。ところが同じ御苑のなかで、なんというがさつな橋（千歳橋）が眼に映ることであろう。この橋はあらん限りの力をつくして飾りたてられ、これさえ無ければ完全な調和を保っているはずの御庭の中で、あたかも拳で眼を打つような印象を与える。これもまた旧くはあるが（百年を経ているという）、しかし実に醜悪なものである。

伊勢神宮

日本がこれまで世界に与えた一切のものの源泉、全く独自な日本文化をひらく鍵、完成せる形のゆえに全世界の讃美する日本の根源——それは外宮、内宮及び荒祭宮《あらまつりのみや》をもつ伊勢である。

あたかも天から降った神工のようなこの建築を、如実に描きだすことはおよそ不可能である、この形の完成したのが、いつの時代であるかも知られていない。しかし材料からいえば、これらの社殿は決して古くはない、——二十一年目ごとに造替せられるからである。白絹の立派な装束をつけた宮大工達は、この次の造営に用いる見事な檜《ひのき》材を調進する為にしょっちゅう働いている。新らしい社殿は、形こそ『古い』が、実は造営されてからまだ間もない現社殿のかたわらに建立せられるのである。社殿は新たに造営せられても、その形式にはいささかの変改も加えられない、しかもこれまで既に六十回以上も造替せられたという。最初に造営した建築家の名は全く知られていない、だがこの形式こそ日本の国民に与えられた貴重な贈物である。国民もまた清新な材料を用いて、本来の形式が年経て

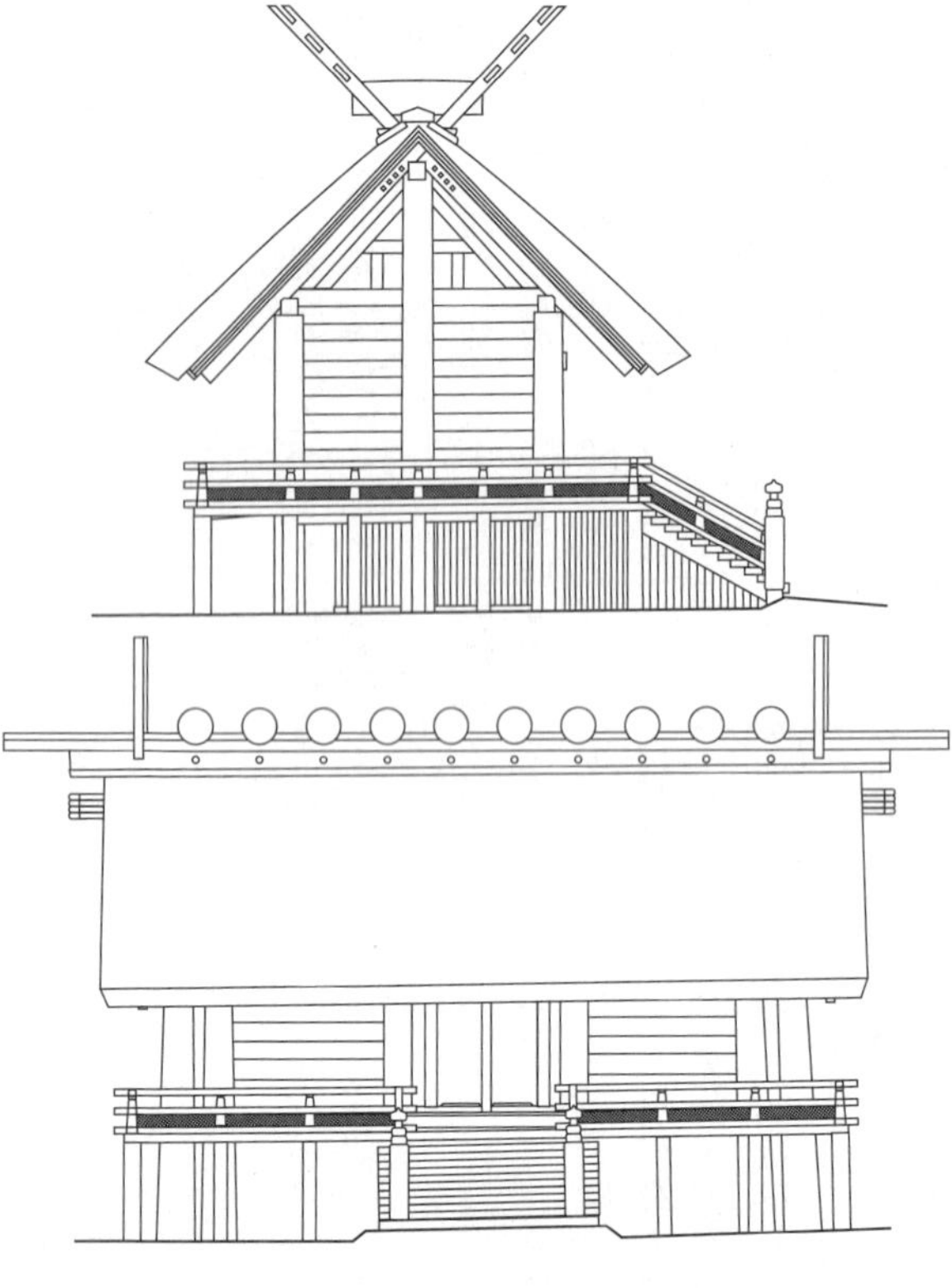

伊勢神宮立面図

帯びる黴《かび》のために蝕尽せられないように、ひたすら心を労しているのである。この一事にこそ、実に雄大なまた極めて独自な考え方が表われているではないか。

まことに言語の途は絶え、また写真や絵画によって印象を伝える術《すべ》もない。身みずからここに参りかつ見なければならぬ。

絵画や写真では、――写真を撮ったりスケッチしたりすることが禁じられているのはまことに道理である、――これらの建築物は極めて控え目に見えるので、これに尊崇の誠を致すことは不思議にさえ思われるであろう。実際、この社殿はありふれた農家をさえ想起させる。田圃《たんぼ》のなかに建っている極めて素朴な藁葺《わらぶき》の作事小屋などを見ると、伊勢神宮も結局これと同じものであるかのような印象を受ける。しかしこのことこそ、伊勢神宮が古典的偉大さをもつ所以《ゆえん》である。それはこの国土、この日本の土壌から生い立ったもの、――いわば稲田の中の小屋や農家の結晶であり、この国土とその土壌との力を蔵めた聖櫃《せいひつ》、即ち真の『神殿』だからである。

日本人はこれらの神殿を日本国民の最高の象徴として尊崇している。まことに伊勢神宮こそ真の結晶物である。構造はこの上もなく透明清澄であり、また極めて明白単純なるが故に形式は直ちに構造そのものとなる。同様にここに用いられている材料も、香りの高い見事な檜材、屋根に葺かれた萱《かや》、堅魚木《かつおぎ》の先端に嵌《は》めた金色の金具から建築の基底部に敷かれた清らかな石にいたるまで、浄潔の極みでありまたあくまで清楚である。用材には油塗料さえ施してない。即ち構造と材料とは至純であるとともに相俟《あいま》って見事な釣合を構成している。この釣合も同じく純粋無双であり（特に外宮がすぐれている）、実に一切のものが純粋の極致に達している。まことにその高貴な姿は、日本的な形のもつ大なる秘密と、また世界に冠絶するその力とを包蔵するところの貴重な結晶にして初めて表現し得る如きものである。

日本文化が全世界の諸国民に贈ったところのものにいささかでも理解をもつ人は、親しく伊勢に詣でねばならぬ。彼はそこに日本文化のもつ一切のすぐれた特性が至醇な融合をとげて一の見事な結晶をなしているのを、——従って単なる国民的聖地以上のものを見出すであろう。

約言すれば、——外宮をもつ伊勢は、凡そ建築の聖祠である。

日本建築の世界的奇蹟

世界のどこの国でも、教養のある人ならば、日本が近代芸術の発展に極めて独自の刺戟《しげき》を与えた国であることを知っている。実際、日本が舞台、面と衣裳、絵画――なかんずく浮世絵等によって、近代芸術に与えた刺戟は深刻であった。しかし、例えば絵画の方面で北斎や広重に捧げられた『世界的名声』なるものは、決して最高の質を有する名匠に与えられたわけではない、昔も今も真に偉大な画家達は、このいわゆる『世界的名声』に与《あずか》らないのである。同様に日本建築の偉大な業績もまた人知れぬ谷間に咲く菫《すみれ》にも似た運命を担わねばならなかった。

この国を訪れる人は、観光宣伝に乗ぜられてまず日光に赴き、徳川将軍の浮艶な社廟を見て、これこそ日本を代表するすばらしい建築だと思いこんでしまう。しかし日光の建築物は、決して日本の国宝ではない。これは第十七世紀の政治的権力者が、彼等の威力を誇示するために権柄ずくで拵《こしら》えあげた芸術である。彼等は、多数の芸術家を駆ってシナ風の豪華を模倣せしめた。もしこれらの建築物がいささかなりとも芸術美を具えているとすれば、それは一般に日本芸術が内に蔵していた潜勢力によるのである。しかし真の芸術は、所詮命令せられ得るものではない。

日本建築の真髄を認得しようとするならば、まず京都近傍の桂村に赴かねばならぬ。ここには、天皇の『無憂宮《サンスーシ》』ともいうべき小離宮が、いくつかの付属建物及び林泉とともに、あの『有名な』日光廟とあたかも時を同じくして建造せられているのである。これらの建築と林泉とを造営した小堀遠江守《とおとうみのかみ》政一は、大名であると同時に偉大な芸術家であった。小堀遠州は彼の声望を恃《たの》み、あらかじめ三箇の条件を提出してその承認を求めた、――これは現代の建築家にはまるで夢のような話である。その条件の第一は『労費を吝《おし》む勿《なか》れ』、第二は『成功を急ぐ勿れ』、また第三は『成功にいたるまで来り観る勿れ』、（もちろん図面を提出するようなことはしない）というのであった。

小堀遠州は、豪奢な建築を意図して如上の条件をもち出したのではない。実際にも彼は、ここでかくべつ高価な木材を用いていないのである。それどころか一切をこの上もなく簡素な形式と施工とをもって処理することのみが、彼の真意であったように思われる。彼は、最高の単純を成就するには多くの労力と時間とを要することを知っていた。そこで多大の時間を要する幾多の試みを意のままに行う自由をまず確保しようとした。つまり彼は、自分自身に課した任務を達成するために、この自由を必須としたのである。小堀遠州は深く慮って、当時仏教建築の方面にいたく氾濫していたシナの影響から日本建築を離脱させようとした。換言すれば、日本建築の創造的精神を顕示して、当代におけるこの『現代的』な課題を、日本国民に独自の感情と直感とに調和するように解決せんとしたのである。彼の思想は、あたかも同時代に建造せられた日光廟の思想とはまったく正反対であった。彼と彼の補助者とは、既にみずから深く考えていたのであるから、建築主が現場にやって来てとやかく批評をすることは彼等を徒らに煩わすにすぎなかったであろう。然《しか》し独裁者の非芸術が有力であったとはいえ、当時はなおすぐれた建築から発する放射力を受容する感情が残存していたからこそ、彼の要求を貫徹することができたのである。

桂離宮の美しさは、その全結構を造営の順序に従い、静かにかつ深く思念しつつ繰返し観賞するときに初めて開顕せられる。このような建築にあっては、簡単な記述によってその美を如実に伝えることはまったく不可能である。しかし現代文明に特有のあわただしさのなかにあっても芸術的感情を豊かに充足させようとする人にとって、以下の叙述がほんのあらましの道しるべにでも役立てば、筆者のこの上もない仕合せである。

桂離宮は、施工のみならずその精神から見ても最も日本的な建築であり、従ってまた伊勢神宮の伝統を相承するものである。この国の最も高貴な国民的聖所である伊勢神宮の形式は、まだシナの影響を蒙らなかった悠遠な時代に由来する。故に構造、材料及び構成は、この上もなく簡素明澄である。一切は清純であり、それだからまた限りなく美しい。この概念を表現するには『キレイ』という日本語が最も適切である。この言葉は『清らかさ』

と『美しさ』とを同時に表現しているからである。伊勢神宮は、先史時代に由来する建築であり、いわば日本のアクロポリスである、――だがアクロポリスのような廃墟ではない。神宮は二十一年目毎に見事な材料を用いてまったく新たに造替せられる、しかもその形式は邈《ばく》として来歴を審《つまびら》かにせぬ太古のままである。そのうえ大神宮は精神的意味においても決して廃墟ではない、日本国民はひとしく、悠久なこの国土と国民とを創造した精神の宿ります神殿としてこれに甚深な崇敬を捧げているのである。その始元は杳《よう》として定めがたく、しかも材料は常に新らしいこの荘厳な建築こそ、現代における最大の世界的奇蹟である。建築家はもとより、苟《いやしく》も建築に関係ある人々は、是非ともこの建築の聖殿に詣でなければならない。

純真な形式、清新な材料、簡素の極致に達した明朗開豁《かいかつ》な構造――これこそ伊勢神宮が日本人に対し、また我々に対して顕示するところのものである。この伊勢建築が発生してから恐らく十五ないし十七世紀を経たころ、日本は繊巧な文化の網に被われていた。当時、日本の文化はすでに多種多様な分化を遂げ、国民の哲学的及び芸術的教養は著しくシナの影響を蒙っていたのである。シナがその隆昌な商業、大規模の政治及び遠征の雄図などによって日本人の関心をいたく唆ったとき、シナの文物は圧倒的な力をもって日本に侵入した。シナ文化の日本に対する関係は、あたかもアテネのギリシア文化が古代ローマに対する如くであった。しかしこの比較は必ずしも妥当でない。日本精神は外来の影響を単に吸収同化したのみではないからである（日光の野蛮なまでに浮艶華麗な建築は論外として）。やがてシナ建築に特有な規矩整然たるぎごちなさや怪奇な様式は、日本人の繊細な感覚によって解きほぐされ、しなやかな線の流動が現われた。伊勢神宮に『納められている』日本の逞しい創造的精神は、本来の日本的感情と、日本の精神的古典文化を形成したところのシナ文化を内に包蔵してしかも極度に分化した『現代的』精神生活との調和を創造すべき天才を小堀遠州に見出したのである。

かかる偉大な事業を成就するには、深い思慮と繊細な感情とを必要とした。この業績のもつ重大な意義を知るには、次の一事を思いみるに如《し》くはない。かりにいま日本の或る建築家に、小堀遠州と同じ条件を許容した上で——この条件は現在では殆んど夢に等しいものではあるが、——欧米かぶれのした現代建築に対抗して純日本的な表現を創造せよ、という課題を与えたとしたらどうであろうか。これは確かに雄大な課題である、恐らく現代の日本にとっては余りに雄大に過ぎるかもしれない、それにも拘らず日本は結局これを解決しなければならないのである。この課題が果して見事に解決せられ得るか否かを預言することは極めて困難であろう。しかしこの解決が可能であるということは主張できる、それも桂離宮を経ることによってのみ可能であると思う。桂離宮は歴史的模範であるばかりでなく、実にそれ以上である。桂離宮は、——すでに超時間的な完全性を具備している個々の形式を僅かばかり変改しさえすれば、現代建築においても創造の基礎となり得る如き一切の原理と思想とを包蔵しているからである。このことは、少くとも傾向と意図とについて、換言すれば現代建築が一時の流行的名声を超えてなお存続する力を示すごときあらゆる場合について言い得るのである。

桂離宮の御殿や林泉のような精妙なものの本質を、僅かばかりの言葉で闡明《せんめい》しようとすることは、まったく烏滸《おこ》の沙汰であろう。日光廟を見た人はどんな印象を受けたであろうか、また桂離宮ではどうであろう。日光では、眼は見ることにのみ終始したあげく、遂に疲れ果ててしまう。これに反して桂離宮では、眼は見るにしても眼だけで見るところのものは極めて僅かである。ドイツの或る有名な小説家は、日本の古典建築というものに一体何があるのかと思ったら、それは『納屋』でしかなかったと言って驚き怪んでいる。日光廟では――彼は日光を指しているのでない、――ただ見るばかりで考えるものは一つもない。ところが桂離宮では、思惟がなければ何一つ見ることができないのである。小堀遠州の芸術は、眼を思想への変圧器にする、即ち眼は静かに観照しながらしかも思惟するのである。

しかしこのような場合に現代人は特殊な困難に遭遇せざるを得ない。現代の人達は、ややもすれば建築を絵画として観照しようとする、つまり建築に絵画的『効果』を求めたがるのである。誤解せられた古代ギリシアの芸術と、なかんずく古代ローマ及びルネサンス以後のシムメトリーの専横とから、遂に『前面』――即ち『見せるための面』なる概念が生じた。その結果、前面と背面とが区別せられるようになった。しかしこのようなものもまたこのような概念も、桂離宮ではまったく見出すことができないのである。

入口の門、家屋、部屋、庭園及びその他一切のものが軍隊のように整列し、上官の指揮下に前後左右の隊伍を『編成』するというのではなくて、個々の部分がそれぞれ自己の目的、本分及び意味に従いつつ渾然たる全体を形成して、あたかも一個の生物の如くであるこそ、極めて単純明白でありながらしかもそれ故にまた美しいのではあるまいか。それは自由な個人から成る良き社会の如くである。建築の世界的奇蹟たる桂離宮の御殿とその御庭とは、多くの関係の融通無礙《むげ》な結合を表現する。個々の部分がそれぞれ具有する独自の力、その完全な自由と独立とは、それにも拘らず鞏固《きょうこ》な鎖のように、円満具足した全体的統一を形成している。まことに現代の奇蹟は、かくしてこそ生じ得たのである。

これらの関係に実現せられている明白至純な特性は、御殿に付属する建物、即ち茶室や、またそれぞれの目的に従って分化している御庭の細部にいたるまで、隈なく遍通している。ここに成就せられた至醇な簡素こそ、日本精神を如実に表現するものである。

しかし桂離宮は、精神的要求を充しているばかりでなく、実用的、有用的な方面をも剰《あま》さず包括しているのである。日本家屋の本質と、日本の風土や生活及び建築方法から必然的に生じた種々な前提とをいささかでも認識した人は、有用という意味における機能が、桂離宮において間然するところなく発揮せられているのを見て驚嘆するであろう。どこを見ても、『これ以上の簡素を求めることは不可能である』と言わざるを得ない。実際これほどの簡素は、一般の住宅にも容易に見出し得ないであろう。しかし小堀遠州は、『機能』に精神的な意味をも認めていた。林泉の間を通って茶室（松琴亭）に赴く道は哲学的準備である。最初に現われる和やかな田園詩、せせらぐ流《ながれ》と小瀑。そのあたりから厳粛な変貌が始まる。荒磯に見るような粗石、岬の端《はな》、その『外端』に立つ一基の燈籠。峻厳な相を帯びた石は、訪れる人に『静思せよ！』と叱咤《しった》するかのようである。茶室にいたる粗大な石橋。しかし身分の高下を忘れて打ちとけた茶礼の一座が、大きな方の部屋で懐石の膳につくと、かなたには再び小瀑の音が聞え、ここで始めて陽の光が落ちる水に燦々《さんさん》と注ぐのを見るのである。かえりみすると青・白二色の真四角な奉書紙を市松模様に張りまぜた床の間は、輝く滝水を反映してちらちらと水色を漂わせている、――このような意匠は、ほかの何処《どこ》にも見かけたことのない独自の着想である。池中の岩に甲羅を干していた亀は、どぶんと音をたてて水中に沈んでいく。魚は水面に鱗を跳《おど》らせ、夏蟬は樹蔭に爽やかな歌をしらべている。御庭はこのあたりから、逍遥によい温雅な庭園の趣を呈する。『世界は実に美しい』。しかしこの道を来ないで――と言うのは、足と眼とを労しないで静かに中門の傍に佇《たたず》むと、ここからも御庭のなかに達する美しい眺めがある。だがこの眺めはあくまで中正であり、上に述べた林泉の美をまだ一つも露《あら》わしていないのである。

ところが古書院の月見台に立つと、林泉の全体はあたかも饗宴のように眼前に展開する。

ここに謁見を待つ賓客のみが、池をへだてて遥かに松琴亭を望み、限りなく美しい池景に眼を娯《たの》しませ、また御居間のある翼（新書院）の御庭を右方に展望することができるのである。実に林泉の大観は、控えの間（古書院・二の間）からのみ恣《ほしい》ままにし得る。ところが貴人の御居間であった新書院の御庭には、見事な芝生とこれをめぐる樹木とを見るのみで、ドイツのありふれた農家の庭と殆んど異るところがない。これほど簡素な、またいささかも『たくまぬ』御庭は、他のどこにも見出し得ないであろう。その意味は、日常の他奇なき生活には庭の眺めもまた静閑であることを必要とする、造園術のごときは、たとえ和やかな牧歌的風趣といえども生活の平静を擾《みだ》す、というのである。

桂離宮では――芸術は意味である。

建築家は桂離宮を訪れるたび毎に、自然的な簡素のうちに精妙を極めた天才的な細部を数多く発見する。用材の精選とその見事な加工、飽くまで控え目な装飾――私はもはやこれを表現すべき辞《ことば》を知らない。桂離宮の御殿と御庭とを世界的奇蹟たらしめたものは、単なる天才的な芸術形式ではなくて、そこに実現せられている『現代的』な見解にほかならない。かかる見地に立つとき、桂離宮の建築は日本においても唯一無二である。そののちまもなく古典的建築にすら観せるもの、ことごとしいもの、装飾的なものが竄入《ざんにゅう》したからである。この奇蹟の真髄は関係の様式――いわば建築せられた相互的関係にある。

私は再度この離宮を拝観して帰宅するや、筆を揮《ふる》って一冊の画帖に桂離宮を描き、これに私の感興を託さざるを得なかった。私はこれを『桂離宮の回想』と題して、覚束ない筆ではあるがこれらの関係の若干を闡明した。私は、桂離宮の体験が最大の贈物として私に与えられたことを、心から日本に感謝せざるを得ない。

九月二十一日（一九三四年）の颱風《たいふう》は、桂離宮の御庭にも暴威を揮った。しかし日本の政府は労力と時間及び費用を顧ることなく、やがてこれを修復するであろう。希わくはこの事業の速かに成就せられんことを。桂離宮はおよそ一切の偉大な国民的建築と同じく、全世界の所有に属するのである。

日本の農家

農民の家屋、服装及び諸種の道具——つまり農民の営む生活全体が、古来の伝統を忠実に保存している。しかしこの伝統は、現実の生活のうちにのみ如実に生きているのである。ここで『のみ』といったのは、農民のことは文字に書かれて伝えられてもいないし、また代々伝承されてきた口碑というようなものも、今では地方の旧家にさえ、皆無でないまでも極めて乏しいからである。古事記は、天地開闢《かいびゃく》と日本の皇室の発生とを叙《の》べている神話を集成したいわば日本の聖書である。古事記は農耕や特に稲の耕作、土地の開拓などが諸神によって創《はじ》められたことを記しているから、農民伝説を含んでいるともいえるし、また諸神の住居に関する叙述も散見されるので、これによって農家の特徴を窺うこともできる。しかしこの典籍は、奈良時代——もっと正確に言えば西紀七一二年に、詔により或る朝臣が撰進したものであるから、仏教渡来と共にシナから伝えられた話が日本の古い伝承と合糅《ごうじゅう》しているので、稲作の話も確実だとは言えない。稲荷《いなり》神の神話的な使者である狐は、シナから伝わったものであるが、日本——特に田舎では、稲の耕作と結びついて農民に崇ばれている（多分、古代シナ人は狐の棲んでいることが稲作に特に適している土地を表徴すると考えたのであろう）。だが狸――日本で諧謔《かいぎゃく》や揶揄《やゆ》に好んで利用されるこの迷信的動物は、仏教のなかへ入りこんでいる。狸の大きな腹や（大方、冬に備えて食物を蓄えているのであろう）大峯丸、或はまた背中に酒徳利をかついでいる恰好は、仏教の坊さんそっくりである。

そんなわけで古事記は一種の聖書であり、人類最初の夫婦――日本では既に神化せられている、――のことも叙している。だがその他の文学や芸術で農民を取扱ったものは殆んど見当らない。第十六世紀の偉大な独裁者豊臣秀吉は農夫の出であったが、しかし自分もたちまち貴族化してしまった。当時の日本歴史を読むと、まるで貴族制度ばかりが存在していたかのような印象を受ける。秀吉の後をついで将軍になったのは貴族出の徳川氏であるが、一八六八年に徳川幕府が崩壊するまで、農民はまだ芸術――特に文学の題材にはならなかった。当時、百姓は新たに勃興した町民階級に比べると、せいぜい愚弄の対象でしかない。

しかし農民の伝統は、昔の貴族や町民階級とは比較にならないほど豊富でありまた重要でもある、この伝統は、文字に書かれてもいなければ、代々語りつがれることも稀であったが、現実のうちに儼《げん》として存在しているのである。

私は通訳を介して旧家に伝わる祖先の歴史というようなものを訊ねてみたこともある、

しかし現在の家を建てたという祖父ぐらいまでのことを話してくれるのが精々であった。つまり旧いことや遠い昔のことなどには、あまり興味がないらしいのである。それは伝統そのものが神社やその伝説、行列や踊を伴う祭礼、或はまた家自体のうちに『祀《まつ》られて』いるからである。農民自身が取りも直さずそのまま『神』なのだ。神のまします神社は、農家と同じように高い木立のなかにあり、時には水を張った稲田のなかの小島のように見えることとさえある。私は高い樹木を繞《めぐ》らしぽつねんと孤立している農家を諸方で見た、日本海に沿う裏日本の北部で見かけた農家などは、実に楽園のように美しかった。海に迫る高い山並みの左には、海沿いに一条の狭い道が通じている。昔、移住民達はこの道を通って北上したのであろう。この地方では、今日でも昔ながらの純粋な形を保存している農家を見ることができる。当時の移住民は辛苦して土地を耕し、ようやく生活のたつきを得なければならなかったのである。住民の骨ばった顔貌には、時としてノルマン族或は北フリースラント人を想わせるものがある。

読者は、私のあけすけな物の言い方を寛恕《かんじょ》して戴きたい、――しかし新聞雑誌や当局の観光宣伝に書き立てられているものばかりが真の日本ではない。農民こそ日本なのである。確かに農民は、言葉で世界に話しかけようとはしない、彼等は蟻《あり》の如く営々と働いているだけである。それにも拘らず日本精神は彼等のうちにこそゆるぎなき現実として生きているのである。

＊　　　＊

農家の語る言葉は、とりも直さず農民の言葉である。まず日本の農家には、一つの顕著な現象が見られる。日本の農家が、風土に由来する特徴的な構造、例えば束《つか》の上にやや高く架せられた床と通風に便な戸障子とをもっていることは言うまでもない（大気の湿度は全日本を通じて、つまり南日本でも北日本でも一様に高くて、健康に適すると認められている室内標準湿度を遥かに超えている。風は四季を通じて吹いているが、その平均風速は——おりおり襲来する颱風は別として、——全国じゅう殆んど同一である。また晴天の日も一年を通じて相当高率である）。地球上に住む諸民族が、風土に対してかかる初歩的な顧慮を払っていることは、どこでも似たようなものであろう。しかしこのような共通の事実は別としても、多少丁寧に観察する外人を驚かす著しい現象は、農家の輪郭が（これはなかんずく屋根によって規定せられているのであるが）、無限の変化を示していることである。

最も簡単な屋根葺《ふき》には藁《わら》か萱《かや》を用いる。いずれにせよ日本の農家の屋根は、材料に許される限りのあらゆる変化を示している。傾斜が六〇度もある険しい切妻屋根から、緩傾斜（約四〇度）の寄棟屋根にいたるまで、その形式は多種多様である。これに応じて大棟の形も材料も種々様々であり、屋根窓の形も千差万別である。棟の様式には直線のものもあれば、また両端で反り上っているものもある。積雪を防ぐために軒の出の深い屋根をもつ農家は、ドイツのシュヴァルツヴァルトの農家と著しい類似を示している。そうかと思うとまたヨーロッパの平原地方の農家とよく似ているものもある。そのほかオーストリアやバルカン地方をまざまざと想い起させるような農家もあった。これに反して北日本の海岸やまた山嶽地方に見られる押石を載せた柿葺《こけら》屋根は、アルプス地方とまったく同じであるといってよい。しかもこの類似は、屋根下のバルコニーと上階の張出しとによって著しく強められている。藁葺や柿葺屋根よりも引きしまった優雅な輪郭をもつ瓦屋根や土塀などの街景は、南ヨーロッパ或は地中海沿岸地方と見紛うばかりである。私は比較のためにヨーロッパの農家の写真を集めてみたが、これを日本の或る婦人に見せたら、それが日本の農家ではないということを、どうしても信じようとしなかったくらいである。

しかしいかに著しい類似があるにせよ、日本の農民とヨーロッパの農民とが、嘗《か》つて互に影響し合ったなどという仮定を認めることはできない。いずれにせよこの問題をあくまで究明するならば、定かならぬ先史時代、即ち人類の言語が始めて出来あがった頃に遡《さかのぼ》るであろう。だが家屋の構造と事実としての言語との間には、本質的な相違がある。諸国の言語は最初は共通の音をもっていたにしても、それぞれ変遷を重ねるに従ってやがては共通の部分を大方失ってしまうが、農家は決してそうでない。農家は、人間の業《わざ》の共通な点を驚くほど忠実に保存し、全世界の人類は同胞であるという思想の正しいことを如実に証示しているのである。

日本の農民は、言葉をもって世界に話しかけるのではない、その家屋を通して話すのである。農民こそ日本国民であり、またその言語は全世界に共通である。実際、農民の言葉は世界的に共通であるからこそ普遍的な力をもち、日本の国土にかくも分化し洗練された独自の文化を生ぜしめたのである。

日本国民の世界主義的精神は、村落や小都会の家屋の型がひとつの定型にはまっていないというところにも表われている。確かに二三の地方では、一定の型が支配的である。しかし多くの地方――特に日本文化の中心地である京都や奈良辺では、高い藁葺屋根に平たい瓦屋根が接続していることもある。また山嶽地方や海岸では、藁葺屋根と押石をのせた平たい柿葺屋根とが著しい対照を示しながらしかも一つに融合してすこしも不自然でないような光景を見ることができる。農民の世界主義的精神は、他と融和し、自己と異る傾向や希望をも尊重する点に実によく現われている。とはいえ、多種多様の変化を包容して美的統一を形成するものは、やはりこの精神にほかならないのである。

伝統は言葉をもって語るのではない、建築物を通して話すのである。伝統の話す言葉は、日本人であると外国人であるとを問わず、すべての人々にとって等しく重要である。

日本の農家は、このような観点からのみ初めてよく理解せられ得る。旅行の途次や散歩の序《つい》でなどに、小さな村落や小都市が眼前を過ぎゆく光景は、深い感動を与えずにおかない、まして農民の現実を識ってから農家の写真を見ると、感動はひとしおである。ところが感動こそ、芸術の根本的基礎なのである。農家は、あたかも小児のように若々しい民族のまだ損われていない芸術的能力が、同時に老成した智慧《ちえ》と結合している観がある。今日、全世界の文明都市は、思想としては土と直接結びついた生活にあこがれている。日本にもこのような傾向が多分にある、だがこれは明らかに浪曼的、感傷的である。芸術家や文学者は、古い農家を買入れ、これを東京或はその他の都市の近郊に移して住居にしようとする、そうすると金持連もこれに倣《なら》って、別荘などを農家風に仕立てるのである。これは確かに浪曼的な傾向である。しかしこの浪曼主義も、日本では恐らく尤《もっと》もな根拠をもっているのであろう、上に述べたように、日本の農民文化は世界主義的性格をもっているからである。日本では、ヨーロッパの諸民族を政治的にも甚だしく敵視したことがなかった、それどころか日本の農民は、ヨーロッパ民族の根本形式をこの狭い島国に反映しているのである。日本を遠く離れたところでは確かに敵性を帯びているものが、この国では相寄り相集って日本民族に独自の表現になっている、――実に不思議なことだ。この民族の広大な想像力は、『敵性的』要素をも包摂して渾然とした統一を形成しているのである。

一軒の家屋においてすら、種々な屋根の型や葺き方が見事な調和を構成している。例えば母屋の屋根は藁葺であるが、付属建物は瓦屋根であったり或は押石を載せた柿葺であったりする。それどころか母屋の藁葺屋根だけ見ても、大棟や破風《はふ》の縁には瓦を用いている。

このように屋根葺の材料は多種多様でありながら、相集って偉大な芸術的自由を示しているのである。しかもこの点こそ同時に、洗練せられた古典建築の本質を形成する最も重要な特性の一つなのである。

日本の農家の有機的構成が、農民自身の生活と仕事とから生じたものであることは言うまでもない。しかし日本の農民生活は、風土と耕作方法とを著しく異にするにも拘らず、根本的には世界諸国の農民と異るところがない。ドイツのヴェストファリアとか低ザクセンなどの農家には、昔ながらの様式がそのまま保存されているが、土間に厩《うまや》などが付属している様子は、日本の農家の土間そっくりである。ドイツでは床を叩きにしているが、この点も日本と変りがない（尤も日本では搗《つ》き固めた土のままにしたところもある）、日本の農家の土間にも牛馬を飼養する厩がある。ドイツの旧い農家の土間に大きな竈《かまど》のあることも、日本と非常によく似ている。また土間に沿うて居間や寝室がやや高い床のうえに設けてあり、ここへは靴や木靴を脱いでから入る慣習も、日本とまったく同様である。一四三七年にノルウェーの非常に古い農家を描いた図の模写を見ると、日本家屋に独得な南向きの縁側と実によく似た設備が施してある。また屋根には厚く土を被せそのうえに草が繁っているが、日本でも多くの農家の屋根棟には草が生えている。農家の型は、ノルウェーでも農民のあらゆる階級に対して同一である。更にいま一つ日本の農家に驚くほど類似している点がある。それは貴重な物品や衣裳、毛皮などを、平生は住宅外の倉庫に蔵《しま》っておく習慣である。中部スエーデン（スカンセン）のこのような倉庫を日本の神社に比較すると、些細な相違はあるにしても両者に同一の精神を看取することができる。スエーデン建築では高い床があって虫類や湿気を防ぎ、また屋根の破風板はちょうど伊勢神宮のように上部で交叉している。大棟に木の列を載せた点さえ同一の建築的意図を示しているのである。

以前はどこの国でも農家では炉に薪をくべていたが、日本では今でもそうである。煙突がないので煙はそのまま屋根から抜けていく、炉火の上には鉄瓶《てつびん》が懸けてあり、人々は炉のまわりで身体を暖めたり、濡れた衣服を乾かしたりしたものである。つまり炉火は家庭と家屋との中心点であった。

また今日ヨーロッパでは、多かれ少なかれ歴史的遺物となってしまったものが、日本ではそのまま保存されている。農家では、木炭は非常に高価につくので、大抵長い薪を先の方から火にくべて、だんだん短く燃やしていく。煙で眼が痛くなることは、保証していい。私は京都附近の山中にある農家で正月の数日を過したことがある。農業と果樹栽培及び狩猟を業としている家人と一緒に、この家の祖父母を上座に据え、ぱちぱちと音して燃える炉火をかこんで坐った。その和やかな雰囲気は、実に都会人の羨望おく能わざるものであった。なるほど煙は部屋いっぱいにこもっている、だから程よい位置に座を占めて涙を出さないようにするには、いささか技巧を必要とした。しかし土間には天井がないので煙は自由に屋根から抜けていく。そのために、煙が達する限りの木材はどこもかしこも見事な栗色に煤《すす》けている。このような色は、とうてい人工的に出せるものでない、梁《はり》には、斧《おの》で削っただけの太い、また時には曲った木材を使っているが、煙はこれらの梁ばかりでなく、藁縄でくくりつけた細竹の野地をも濃い煤竹色に染め出している。そして煙は屋根の上に取りつけた煙抜きか、さもなければ棟の両端に設けた三角形の穴から外へでていくのである。囲炉裏から立ちのぼる青い煙は、屋根と家屋との形態の一部をなしている。煙は家全体をいわば一個の生物にする、両端に反り上った屋根棟をしばしば見かけるのはまことに道理である。煙はこの曲線に沿うて迅速に戸外へ抜けでることができるからである。いかにも機能的な形態だ、軒先に反りを付したのも、痛みやすい隅に雨水の溜るのを防ぐためである。寺院の軒の曲線はまったく装飾的な遊玩物であるのに、農家ではそれが純粋な建築なのである。

囲炉裏《いろり》は土間の上り段に近いところに設けてある、それだから履物をぬがなくても囲炉裏ばたに腰かけることができる。太い大黒柱は――私は五〇センチ角の柱を見たことがある、――概ねその近くに据えられ、上り段の隅にあったり或は独立して立っていることもあるが、いずれもその上部には非常に重い大梁が交叉している。この梁の太くて重いことが即ち富と誇とを表示するのである。

土間には、たいてい囲炉裏と向きあって、石と漆喰《しっくい》とで築いた煮焚き用の竈がある。なかにはいくつかの竈を半円形の大竈にまとめたものもある、こうすれば内側から同時に数個の焚口に薪をくべるのに便利であり、また竈の外側を広く使うこともできる。竈の近くには菜、瓜《うり》、大根などを漬ける漬物桶や酒樽、農具などが置かれ、時には風呂桶さえ据えてある。便所も土間に付いているのが普通である（しかし良い家になると、居間の前の縁側にも便所がある）。この土間から裏庭や仕事場或は中庭へでるには、表の出入口とは別の出口を使うのである。

居間は、この土間に接続しているが、その接続の仕方は実に多種多様である。しかし大抵は二列で、南側には大きな部屋、北側には小さい部屋を配し、その間を襖や板戸で仕切っている。この板戸は、戸棚と同じく実に見事な栗色の光沢を帯びている。また富裕な家ばかりでなく、どんな貧しい家にも南向きの縁側が設けてある。

私は、この農家の配置や間取りを歴史的発達に従ってそれぞれ地方別にし、これを理論的に公式化しようとする日本の建築家や科学者達の研究を見たことがある。しかしそれでも実に多種多様な平面図ができているのである。それだからここでは、基本的な原理だけを述べるにとどめておこう。日本の農家は大体において簡単な矩形《くけい》である、或は鍵形のものもあるが、その場合には一つの翼に土間に入る入口がついている。土間は、殆んど例外なく家屋の側方に配置してある、土間が中央部にあって居間を二つの部分に分っている例は(ヨーロッパの多くの農家で居間が台所と土間とで二つの部分に分たれているのと似ている)極めて稀である。またあるにしても、この部分は、別棟や離れと同様に、多くは隠居所としてあとから建増ししたものであろう。

農家の庭は、殆んど例外なく家屋の前面にあり、従って門につづいている。富裕な農家になると堂々とした門があり、その両翼を納屋や召使の部屋などに当てることもある。さもなければ、屋敷内に納屋や付属建物を配置するのであるが、これは貧富の差別なくどこでも一様である。納屋には刈りとったばかりでまだ脱穀してない稲や桑などを入れておく、その大小はさまざまである。屋敷内には細長い石を井桁《いげた》に組んだ井戸があり、そのうえに屋根を設けたものもある。井水は綱の両端に付した釣瓶《つるべ》を滑車で上げ下げする車井戸や、また所によっては支柱で支えた槓杆《こうかん》の腕の一方に重錘《おもり》を付し、他方に釣瓶を吊した桔槹《けっこう》で汲みだされる。桔槹は英国、ドイツ、ロシア及びその他の諸国で見かけるものとまったく同じである。もちろんこれには屋根が付してない。庭の片隅にはよく風呂桶が据えてあり、屋根のない野天風呂もあるし、また小さな湯殿を設けたものもある。そのほか便所があって、そこの庇下には農具や棹《さお》、棒などを掛けておく。排泄物を醱酵させるために肥溜《こえだめ》が地中に埋めてある。それからごく貧しい農家は別として、大抵の農家には土蔵がある。土蔵は概《おおむ》ね鮮やかな白漆喰塗であるが、ところどころ黒い菱形の模様が付してある、窓には厚い額縁がついていて、そのなかへ重い窓扉が入りこむようになっている。また入口にもやはり重々しい扉が付してあり、これが土蔵の建築的中心になっている。土蔵建築は耐火構造を有し、どっしりした屋根もこの特性を強化している。土蔵には二重屋根を設けることもある、そうすると土蔵の上に架せられたこの瓦葺屋根と土蔵そのものの屋根との間に隙間ができるので、通風にも役立ちまた粘土と漆喰とで耐火的に仕上げた天井に蔭を与えることにもなる。土蔵は、他に対しては誇と富とを表示する。ここには先祖伝来の絵画や書物、或は昔のキモノなどあらゆる貴重な品々を納め、また酒等も貯蔵しておく。諸方の村や小都会などで、このような白壁造りの土蔵がいかめしく立っているのを見ると、そのそばにあるささやかな家屋などはほとんど眼に入らないくらいである。土蔵は、今日の工業化に到達する前段階のものとして、最も早く定型を達得した。しかし屋敷内の大小の建築物の配置はまったく個性的であって、仕事場に当てられた前庭と融合している庭園や樹木、或は門のそばに植えた松などとともに、基本的な形式が極めていきいきした変化を示している。私は日本海にある佐渡ケ島で非常に見事な、恐らく日本でも最も雅致に富むと思われるような屋敷を見たことがある。佐渡は徳川幕府が政治犯人を流謫《るたく》した島である。いずれにせよ日本の村は、同分母で簡単に通分し得るものではない、農家の屋敷は、曲折した道のあちこちに散在しているものばかりでなく、街道沿いに立ち並んでいるところもあるし、また気候の烈しい海岸にある漁師の家は、嵐を慮って寄り合っているという風である。

私は、日本の農家を叙述しながら、厩にはまだ触れなかった。日本の農民は牧草の栽培や牧畜を知らない、養鶏さえ最近のことである。日本の農業は、殆ど稲の耕作と桑葉による養蚕とに限られているといってよい、それだから農家の仕事は、世界各国の農家にくらべて著しい特性を示している。稲の耕作には土地を小区劃に分つことが必要であり、その一区劃は平均三百平方メートルぐらいである。灌漑《かんがい》や植付けには、どうしても人手による仕事が主になるところから、大規模の大農的経営とか機械を用いる収穫や除草などは行われていない、従ってまた農業用の近代的な動力機械もまだ発達していない有様である。養蚕は、元来稲作の補いとして始められたものであろうが、これに必要な桑の栽培もやはり小規模である。桑は山腹などにも栽培せられて、ヨーロッパの葡萄畑に似たところがある。水を湛えた小さな稲田は、山麓の狭間の奥まで段階状に入りこんでいる。こういう小さな水田を鋤《す》くには、一頭の馬か牛で十分である。馬は背に重い荷をつけて、田畑からかえってくる、牛はたいてい二輪車に積荷をのせて曳いている。麦その他の穀物を栽培しているところでは、馬の背がいわば収穫車のようなものである。馬背はまた薪を運ぶにも使われる、薪は冬のうちに山で伐られ、一年中の燃料として家の周囲に積み重ねておく（気候が湿潤なので、樹木は非常に早く育つのである）。重い荷物を運搬したり遠い町や停車場に人を運んだりする特別な馬車は、富裕な農家にすら見かけない。また馬に乗っている人もあまりない。薪や桑はもとより、そのほか仕事に必要なものは何もかも人の背中にのせて重そうに運ばれるのである。人は馬よりも我慢強い、年をとって背中が曲っても、腰をかがめて苦労せねばならない。貧しくて苦労の多い生活がそうさせたのである。

田舎の貧困！　カメラは農民の家屋のみならず彼等の貧困をも美化する。写真にとった農民やその子供達の姿は、まるで絵のようである。これは田舎のごく貧しい人達の心ばえこそ、却って上品で親切だからでもある（田舎の人達が慳貪《けんどん》であったり或は素気ない態度をとるのは極めて稀であるが、しかしたまたまこのような仕打ちに遇うと、芭蕉が『奥の細道』で述べている言葉を想起せざるを得ない。この詩人は、商人の清風《せいふう》についてこう言っているのである、――『彼は富めるものなれども志いやしからず』、日本でも千七百年頃にはもうこんな風であった）。

交際に慇懃《いんぎん》であり、礼儀正しくしかも気さくなことは、日本の農民――なかんずく貧しい人達の特性である。また境遇に変化が生じても平常心を失わないことは、歴史的伝統から説明することができる。昔は農民のあいだから地方の豪族が発生した、彼等はサムライであり広大な屋敷や馬、武器及び郎党をも私有していたが、しかし同時にまた農民でもあった。第十七世紀の初頭まで、大名のために戦った戦国武士は、まったく農民を基礎としていた。最後の幕府を開いた徳川家康が、一六一五年に定めた武家諸法度のなかで、農民に或る地位を与えているのは、彼等の数と文化力とを高く評価したためである。

徳川幕府治下の階級組織

農民を基礎とした当時の社会組織は、富士山の形で表わすことができる。即ち広大な基礎をなすものは農民階級であり、その上にサムライの階級があり、更に領主たる大名がこれに上置せられ、頂上に将軍即ち絶対的独裁者が位する。次にこの形が下方に映されると、農民の下に手工業者がある、彼等の一部は同時に農民でもあったしまたいずれにせよ農民の出である。手工業者の下は商人の階級であり、さらに一段下ると遊芸人の群があり、そして最下級は市民としての権利をもたぬいわゆる非人である。しかし天皇は、事実は将軍の俘《とりこ》であられたが、それにも拘らず国民の常に仰ぎ見る理念として天上の雲の如き存在であられた。天皇は実際にも国家の機関ではなかった、だが今日と雖《いえど》も、天皇がかくの如きものたることは一般に望まれていないのである。

農民の政治的及び経済的の権利は、曾ては恐らく如上の組織に示された重要性に相応したものであったろう。農民は商人の上に立っていたのであるから、第一に国家の保護を受けるものは、商ではなくて農でなければならない筈であった。彼等の地位が比較的高かったことは、国民を養うために営々として働く労苦を或る意味では緩和したに違いない。しかし徳川幕府のもとでも経済的発展は、行政上のすぐれた意図にも拘らず次第にその力を加えた。こうして農民はますます苦境に立ち、搾取の対象となった。従って上に述べた階級的地位もまったく転倒してしまった。一般のサムライはもとより、大名すら商人から金を借りた、――その結果、商人の社会的地位は事実サムライを凌ぐにいたったのである。農民の肩には、商人が米相場を変動させて利益を貪るところから生じた負担がそっくりふりかかってきた。今日では、昔の階級制度はまったく逆転して、資本がサムライや大名の地位を占めているのである。

それにも拘らず旧来の伝統は、例えばどこでも神社を立派に維持しているような事実、神社の縁起や祭礼、また一般に原始日本的な神道に対する尊崇の念などによく保存されている。大地と大地につながる農民とは依然として旧来の創造力を保ち、たとえ社会組織が天候のごとく変化しようとも常に同一不変である。

それだから日本の農家は、貧農のいかにも見すぼらしい小屋から、田畑を所有して小作人に貸付けている豪農の立派な邸宅にいたるまで、その本質においては異るところがない。豪農の旧い屋敷には、特に東京――即ち昔の江戸の近傍では、城塞のようないかめしい構えをもつものがある。堂々とした門、大きな石垣や四角に刈り込んだ高い樹墻《じゅしょう》は昔のサムライ屋敷以上であり、決して見る眼に快いものではない。その威嚇的な様は、徳川幕府の崩壊後に、以前のサムライ階級から募った邏卒《らそつ》に濫觴《らんしょう》する今日の警察そっくりである。もっと小規模の農家の屋敷に見られる堂々とした風も、やはりここから来ている、なかんずく刈りこんだ樹墻は、非常に非日本的な印象を与える、およそ京都風の優雅な趣味とはまったく相容れないものである（このような樹墻は、東京から北の或る地方では、防風ばかりでなく特に防火の用に供せられている、家と家との間にまるで防火壁のように仕立てた立方形の樹墻は、燃えている隣家から飛んでくる火の粉を、常緑樹の堅い葉で防ぐのである）。それにも拘らず本質的な見解にはいささかも変りがない、今日でも農民のうちに生きている伝統に従えば、元来農民のなかにはプロレタリアートというものが存在しなかった。自然に向って家屋が開放されているという特性は、芸術にも建築にもそのまま相承されている。古い時代には、農民は自分でめいめいに自家を建てたものである、それどころか或る地方では今日でもそうである。また農具にせよ桶或は織物にせよ、みな自分で作っていた。つまり以前の農民は、今日と異りできるだけ金銭の厄介にならなかった。それだからこそ彼等の自然観は、家屋のみならず総じて自分達の作りだすものに独自の形を与え得たのである。実際、私は農家のいかものをこれまでついぞ見たことがないくらいである。

原始的なごく貧しい小屋は、丸太をほんの形《かた》ばかり斧で削って柱や梁とし、この簡単な屋根組の上に竹を敷き並べて藁屋根を葺くのである、小屋を蔽《おお》うている藁葺屋根の線は非常に美しく、また柱間に塗った藁苆《ずさ》入りの荒壁は絵のようである。屋内には僅か三四帖ほど畳を敷き、その前に狭い叩きの土間を設け、出入口には障子と雨戸とがはめてある。万事がこのうえもなく簡素だしまた工費も低廉である、しかし貧乏で障子さえないような家ですら、できる範囲で手入れが行きとどいている。自然のままの材料に対するこのような愛好は、極貧の家から極めて富裕な家にいたるまで、どんな家々にも見ることができる。天井のない部屋、特に土間では小壁のうえの梁が部屋を屋根から限っているだけである。その梁はまったく自然のままで、ただ梁の役目を果せる程度に削ってあるに過ぎない、或る地方では曲った自然木を妻の壁の木組に用いて、一風変った芸術的形式を創りだしている。これはまったく気まぐれなやり方のように見えるが、実は芸術的な意図に基いているのであって、すぐれた日本庭園に見る自由な手法と本質的に異るところがない。またこのように彎曲《わんきょく》した自然木を納屋の梁などに用いると、すばらしい効果をあげるものである、これは屋根を支えると同時にその曲り工合に応じて長短様々な農具を適宜にかけておくのに便利だからである。木材の取扱い方、屋根下の竹の野地の見事な技巧、屋根そのもの（特に簡素極りなき杉皮葺屋根）、壁塗――すべてこのような田舎らしい趣は、日本の最も洗練された人達が以て茶室の範としたところのものである。

言うまでもなく日本の農家は、最初は自然の材料で居住の目的を充足することを旨とした。しかし目的が単なる自然的必要の度を超えると、諸他の国とは反対に自然が理性を凌ぐようになった。つまり日本人は自然や自然の材料を合理的構造よりも愛するのである。農民が富裕であればあるほどその家の屋根はますます高大となり、家屋の内部で屋根を支える梁や柱はいよいよ太くかつ重くなる。私は、或る旧い農家の改築を仔細に点検したことがある。その家の柱は、実に四十二センチ角にも達する非常に見事な欅《けやき》材であった。しかし柱は屋根まで届かず、その上には丈《せい》の四十センチもある大梁が直角に交叉していた。この梁は他の交叉部でも、大黒柱ほどではないがやはり非常に太い柱で支えられている。尤もこのような構造は家屋の中央部だけであって、外側ではこの巨大な梁が径十二センチくらいの細い側柱の上に載せてあった。この家屋の所有者は中年の商人であったが、さすがにこのマッチの軸のような側柱が地震でもあったら滅茶苦茶に摧《くだ》けはしないかと懸念していた。もちろんこの交叉は非常に巧妙に結合されていて、家屋の中心部にある太い柱で確実に平衡が保たれ、なかんずく炉辺の土間に立っている非常に太い大黒柱は、たとえ地面が揺れ外柱が摧けても決して安全を脅かすようなことはない。それにしてもこの構造は、合理的な構造感からいうと、まったく大工の無用な、しかもなかなか骨の折れる手間である。大工達は、家屋の安全性という点から言えばまったく無益な、それどころか恐らく危険でもある大梁を宙に高く引きあげ、それから柱と精密に結合するために、大勢がいっせいに調子を合せて仕事をせねばならない。これはまったく術であって構造ではあり得ない、

――巨大な梁をひけらかし、また『健全な常識』に従えば下に置くべきものを、巧みに釣りあげた様を見せようとする芸当にほかならない。

　つまり合理的な構造を審美感の犠牲にしているのであって、古ギリシアの神殿の建築における一般である。古ギリシアの神殿では、もっぱら美的効果を重視して大理石の巨塊に対する合理的な考慮を無視した、かかる傾向はまったく美の問題しか考えないところから生じたのであるが、日本ではそれが巨大な木材の使用に示されているのである。いずれにせよ合理的構造を度外視しているのであって、ゴシック式大聖堂の穹窿《きゅうりゅう》構造が究極の軽快と精神による浸徹とを開示しているのと著しい対照をなすものである。

　これが一般の日本建築に見られる芸術的傾向である。ところが東京の西方にあたる本州中部の山嶽地方で、今日でもまだ鉄道から遠い或る村に――といっても、まとまった聚落《しゅうらく》をなしているのではなくて、農家が処々に散在しているにすぎない、――七八軒の実に堂々とした大農家がある。これは上に述べたところとまったく類を異にする農民家屋である。即ち飛騨《ひだ》の白川村がそれである。ここは地勢が険しく、岩を嚙む急流は峡谷を洗い高山は屏障《びょうしょう》のように四周に峙《そばだ》っている。白川村にある極めて少数の農家は、全日本を通じて実に独自であり、その起源は遠く中世に遡るものである。家屋の形式は、新しく建築せられた家でもやはり昔のままに保存されている。これらの家屋は極めて論理的、合理的な構造を具え、あたかも中世ヨーロッパの農家の観がある。屋根組は大きな三角形をな

飛騨白川村の農家　©Matao OGATA

し、それが三階になっていて各階に締梁があり、この梁は合掌に柄で嵌《は》めこまれ、そのうえ楔《くさび》が打込んである。屋根組の上には藁葺屋根を受ける竹棰《たけたるき》が並べられ、この棰は大棟で交叉し、藁からなる棟に対して極めて論理的な構造を有する下地になっている。これらの構造的要素はすべて縄で結ばれ、実に見事な『即物的』施工である、また長さが二十メートルもある巨大な筋違《すじかい》は風圧に対して屋根を補強している。これはまさに『ゴシック式』構造である、しかもこの構造は当時の技術に従って簡潔であり、木材を浪費しないでしかも静力学的に十分な考慮が払われている。一階には垂直の壁があり、ここで屋根の荷重は梁を介して極めて巧みに側柱に負荷せられている。各階の天井には竹簀《たけす》が敷いてある、それだから最下層の囲炉裏や大きな厩《うまや》から（厩もこの大家屋のなかにある）暖い空気が立ち昇って階上の蚕部屋に達するのである、蚕は破風の障子を開閉して自由に外気に触れることができるようにしてある。これは一種の工業的建築であるが、しかし鳶《とび》色の堂々とした藁葺屋根は、まるで毛皮のように家屋を保護しているのである。破風の隅に吊してある藁束はこのうえもなく見事な装飾的効果をあげているが、それはまた同時に屋根の最も痛みやすい箇所に雨水が浸潤するのを防ぐ極めて合理的な実用物でもある。私はこの家屋の階下で大きな寝間を見た、板張り床には畳が敷いてなく、幅の広い杉板が戸棚や板戸と同じ色調で黒びかりに光っていた。とにかくこの家屋は、一般の農家とは著しく異っている。例えば、広い土間はないし、また床の高さは——厩は別として、——どこでも一様である、その厩にも、普通の農家とちがって数頭の馬を収容していた。

諸他の日本的なものと根本的に対立するこの差異、あたかも取りのこされた孤島のようなこの論理的構造の思惟は、どう説明したらよいのだろうか。屋根の勾配が六〇度もあって、一階には垂直の壁さえないような原始的な小屋から発展したものであるという説明だけで十分であろうか。確かにそれとも関連があるのかも知れない、しかし飽くまで構造的なこの大家屋の秘密は、それだけではとうてい説明し得ないのである。

白川の大家屋の最も古いものは、二百年を経ていると言われる。またそのうちで最大の家屋は九十年前の建築である。しかしここに住んでいる人達は、自家が非常に古い由来をもっているということだけしか知らない。

西紀一一八五年に、源氏に敗亡した平家の残党は、この山間に逃れ棲んだと伝えられている。源氏は粗野で戦いに強かった、しかし平家は高い文化をもっていたため却って敗北したのである。

源氏は、平家と共に何を滅絶したのであろうか、恐らく当時日本に存在していた繊細巧緻な多面的精神ではなかったろうか。この精神は、そののちいくたびか変遷した武力政治のために発展を阻止されたのではあるまいか。少くともこの精神は、殆んど全く根絶せられて僅かにその痕跡をとどめたにすぎないのではあるまいか。そして遂に徳川氏が鞏《きょう》固《こ》な階級制度を樹立し、露骨な武力政策と警察政治とを用いてついに幕府の基礎を確立し、二百五十年の『天下泰平』を誇るに及んで、まったく復活の望みが絶えたのである。

そうだとしたら、そののち日本が本来のすぐれた美的天分に論理的明確性を与え得なかったことは、粗野な暴力に責があるといえよう。僅かに残存しているものから推しても、日本はかかる特性を具有している筈であるのに、実際には今日にいたるまで十分な発展を遂げ得なかったのである。

我々はこのような論理的明確性を、今日でも軽快な木橋や雅致に富む伝統的な吊橋、大工が竹を組んで巧みに造り上げる桟敷《さじき》など、総じて彼等の技術と手法とから生じた多くのもののうちに認めることができる。しかし彼等の元来は意味ある仕事を結局無意味に終らせているのは、まったく一種の気紛れにほかならない、つまりしかじかの遣り方は必ず美を成立せしめるというういわば固定観念に基づいているのであって、実際の美感から生じたものではないのである。

しかし所論の公正を期しようとするならば、如上の事情は古代ギリシアの神殿とまったく趣を異にするものであることを知らねばならない。古代ギリシア人は、今日にいたるまで全世界における唯一無二の存在である、それは彼等が高い美的天分のみならず高い理智をも兼ね備えていたからである。古代ギリシア人は、芸術ばかりでなくヨーロッパのすべての学問――即ち哲学、数学、天文学、物理学、医学等の近代的学問にそれぞれその基礎を与えているのである。彼等が世の常ならぬ目的をもつところの神殿、即ち神々の巍々《ぎぎ》たる棲処《すみか》を建築するにあたって、静力学に対するかいなでの理解をここに用いなかったのは、まさにこれと同一の理性であった。一切の技術的能力と高度の発展を遂げた力学とをあげて、あくまで自由な美的創造に奉仕したのは、まったく意識的でありまた明確に考えたうえのことである。即ち古代ギリシアの神殿の美は、理性によって創造せられた美であった、――この美は、大理石の巧緻な重量と支持とに対する根本的な静力学感と一致するものである、なお私はここで、もっぱらドリア式の神殿を問題にしているのである。これに比べるとイオニア式やコリント式の神殿は既に退化を示している。

要するに粗野な武家政治時代をまだ経過しない前の日本は、上に述べたような論理的明確性を具えていた。そしていったん失われたこの特性を恢復《かいふく》するには、そののちこの国の偉大な精神が、断続的ではあったが実に絶大な努力を費さねばならなかったのである。

私の推測が当っているならば、日本における理性の虐殺はまことに言語道断な罪過であった。これがために世界は、島国日本に期待していたところの美しい文化の華、いわば第二のギリシアを失い、ついに気紛れが王座を占めたことはかえすがえすも遺憾の極みである。

我々は日本の農家を観ることによって農民のみならず日本国民の精神をも窺うことができた。そしてまたここに深奥な秘密が存するのである。


日本における五百六十万戸の農家には、全人口の八割が住んでいる。しかしこの八割は、一九三〇年の国勢調査の結果によると、日本の全収入の一割八分を占めるにすぎない。従って一戸当りの平均年収は僅かに三百十九円である。更にまた大多数の農民の実際の平均所得——つまり裕福な地主階級を除いた農民の年収を求めるならば、恐らく二百九十円見当であろう。貧困な農家によくあるように一家族の人員数を平均十人として、これだけの収入で食費、被服費、教育費、医療費、住居費及びその他のあらゆる臨時費を賄っていかねばならないとすると、一日一人あたりたった八銭にしかつかないのである。もちろん国内の貨幣価値は、国際為替相場と同一視せられ得ないであろう。しかしそれにしても、これだけで国民の大多数が暮していく——それどころか相当の体面を保ち、子女を養育し、自分もさっぱりとした身なりを整えて上品な態度と卑しからぬ生活様式とを保持するということは、まったく不可解な秘密である。この秘密は、さきに述べたような農民の伝統的感情からのみ闡明せられ得ると思う。私は、この感情がたとえこれからさき長い間には衰退するにしても、決して死滅することがないように希望してやまない。

日本文化の形相

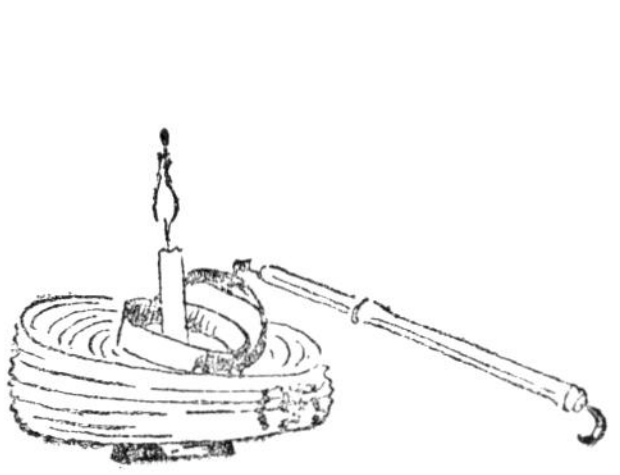

日本の心

日本に来た当初、私は大袈裟で豪奢なバロック風の殿閣や邸宅に反感を覚えては、よく『寺院建築の拙劣きわまる模倣だ！』と言ったものである。私はこのことを、ヨーロッパで教会を荘厳する要素が誤って住宅に取りいれられている事実と思い合わせた。ところがそののち日本の或る建築家から、寺院は元来貴人の邸宅であったものが、後年ここに仏像を安置するようになったのであるという説明を聞いた。

実際その通りである。それだから日本住宅を論ずるとなると、寺院を看過するわけにいかない。そこで私も——東方アジアの寺院建築に関しては既に夥《おびただ》しい文献があるにも拘らず、——日本住宅の理解を助ける限りにおいて、寺院建築に触れておきたいと思う。『寺院』——日本の寺院は、西洋の教会やトルコのモスク（回教寺院）、古代ギリシア及びエジプトの神殿や、またアジア大陸では特にシナの寺院などと異り、それだけが唯一の宗教的建築物なのではない。日本には寺院と並んでいま一つの信仰対象がある。それは原始日本の宗教である神道の神社である。しかし神道は、厳密に言えば『宗教』ではない。

いずれにせよ日本には、神道の神社と仏教の寺院とが並び存するわけである。だがそれだからと言って、両者を明確に分類してしまうのもいささか危険である。仏教は、第六世紀頃この国に伝来した際に、賢明にも日本国民の感情に順応して、神道の神社に対して極めて寛容な態度をとった。仏教が、渡来と同時にシナからもたらした哲学、学芸、文化及び既に高度に発達した技術等は、これらの点についてまだ薄弱であった神道を補ったので、やがて神社と寺院とは互に多大の影響を及ぼし合い、その結果は建築にもはっきり現われている。実際にも神社を寺院と明確に区別しがたい場合が多々あり、例えば神社で達磨《だるま》や観音などが礼拝せられているかと思うと、また寺院にも神道に似た勤行が行われるという風である。こういういわば『寺社《てらやしろ》』はいくらもある。それが寺院であるか、それとも神社なのかを判別する唯一の標徴は、仏像の有無だけである。神道では一般に礼拝の対象として、神像を用いないからである。

しかしこの二つの流れは、今日でもその源頭に遡ってそれぞれ本来の純粋な型を探ねることができる。即ち神道は、文化的及び技術的には依然として薄弱な点をもつにも拘らず、今日にいたるまで比較的純粋に保たれているが、これに反して仏教は——少くとも現存する建築によって推論し得る限りでは、——頽廃し凝固している。

仏教は、神道に欠けているところのもの、即ち信仰と悩める魂の慰藉《いしゃ》とを与えた、しかしまたその時々の権力者によって民心籠絡の具にも供せられたのである、つまり仏教はこのような意味で『民衆に与えられた阿片』であった。ところが他方において仏教は、その深遠な思想によって教養ある人々に深い感化を及ぼしたので、仏教信者でありながら無神論者を標榜するような人達もあった。つまり空想的な諸仏の世界は、自由な精神の人達には象徴としか考えられなかったのである。このような人達は、ソクラテスでさえも免れ得なかった偶像崇拝にまったく煩わされるところがなかった。ソクラテスは、法廷の判決に従って毒杯を仰いだ時に、悲歎に沈んでいる弟子達に向って言った、『アスクレピオスの神に犠牲の雞《にわとり》を捧げなさい』（アスクレピオスは医術の神である）。

或る時（一九三三年）、日本の学童達に銘々の信仰を質問したところが、その結果を見ると、大多数は何も信仰していない、つまり無神論者であるということが判ったという。私達は日本に来てから数々の美しい祭礼を観た、それには土地の民衆が殆んどすべて参加しているのである。美々しい行列が街を練りあるき、神輿《みこし》は『ホイ　ナ、ホイ　ナ』という掛声もろとも、大人や子供の半ば裸の腕で、大きな波にでも揺れるように担がれていく（京都・祇園《ぎおん》祭）。晩になると神輿にも、また飾りたてられた祭礼気分の街々にも、無数の提燈《ちょうちん》がともされる、その上この美しい光景は、いわばあでやかな色を素地とした『無調』音楽を伴奏にしているのである。しかし私達は、このような祭礼が一見宗教的らしく見えながら、実はただその美しさのためにのみ存在しているという印象をうけた。実際、日本の祭礼に自然療法を信仰する人達が懐《いだ》いているのと同一の心理を基調にしているのである。

この美しい国はまた非常に気まぐれな国でもある。日本は一尾の大魚である、その頭は北に向い尾は南にのびている、しかもこの魚が動きだしたら、それこそ大変である。地震、颱風、洪水、大火、津浪――つまりこの島国の国民を恐怖に陥れるあらゆる天災が生ずるのである。そこであちこちの神社はそれぞれいろんな病気に霊験があり、また安産や、徴兵のがれにすらあらたかな御利益《ごりやく》を授けるのである（私の知っている日本の友人は、若いとき祖父につれられて徴兵よけの祈願をしたが、実際にきき目があったそうである）。

要するに日本では、非常に実際的な原因から信仰が発達した、つまり突然襲来する天変地異に対して安全を求める神経が主要な原因なのである。天災のうちでも、地震は今日にいたるまで科学的には余り研究されていないようである。とにかくこういう事情から、宗教という商売が繁昌して顧客を吸引するようになった。農夫は狐に米を供えて、お狐様が何とぞ悪戯をなさらずに御機嫌うるわしう稲荷大明神によろしくお執りなし下さるようにと祈願する。それというのも、農作が天候の順否によって収穫を左右されるからである。この狐は、みめうるわしい若者や娘に化けて人をたぶらかしたり、或は人間にのりうつって神がかりの状態に引込むこともあるという。

それだから農夫は、家の中に小さな社殿を安置したり畑に石の社《やしろ》を設けたりする、いずれも神社の小さな模型である。道ばたにも大小の石仏が立っている。また村の中や道路のそばの見事な樹の下、或は農家の庭などには、神道特有の門（鳥居）を前にしたやや大きな木造の社殿がある。更に村はずれの鬱蒼とした杜《もり》のなかには、もっと大きな鎮守の社がある。森の樹は杉の巨木であったり、桜や楓、松などの大樹を組合わせてあったりする。このような神社は、平野のなかのこんもりとした杜のなかにもあるし、峡間の深く入りこんだところにもあり、また高い山の上にも建立せられている。そして大抵は、参道の入口に朱塗の鳥居や石の鳥居が立っている。鳥居は神社の繁栄と吸引力との象徴であり、例えば京都附近の伏見稲荷などでは、夥しい鳥居がまるでトンネルのように林立している。神社はまた海浜の洞窟のなかにもあり、神秘な自然力の加護をもとめて供えられた蠟燭の灯が、黒闇のなかにゆらめいている。私達はこれらの神社の祭神を訊ねてみたことがある。しかし覚束ない答を得ることさえ稀れであった。とある海浜で大きな祭礼が行われていた。海岸の平地には旅芝居がかかり、数百の観衆は竹で組んだ軽快な桟敷に夜遅くまで身動きもできないほど詰めこまれていた、正面には音楽や手踊りをする舞台が設けてある。全体の光景は絵のように美しく、まるでシェークスピア時代の芝居を眼《ま》のあたりに再現したかのようである。道の両側にはいろいろな土産物や玩具を売る露店が立ちならび、三日間というものは真夜中まで賑わしく、ドイツの祭市さながらであった。私は同行の友人に頼んで、若い神官にこの神社の祭神を訊ねてもらった。ところがこの神官は、自分にも判らないから上役にきいてみましょうと答えた。

京都と奈良とから程遠からぬところに伊勢、即ち日本の文化的心臓がある。伊勢の山田附近に、偉大な国民的聖所である内宮と外宮とが鎮座している。日本国民はこの両宮を、日本の国土と国民とのあらゆる力の集注として尊崇し、伊勢詣では日本人が誰しも一生のうちに是非とも一度は果さねばならぬ大切な行事とせられている。私達が大神宮に参拝した砌《みぎ》り、御門の傍に——これから先きへは何人も入ることを許されない、——神道の祭服をつけた一人の神官が立っていた、因みに祭服の階級はそれぞれの服装に特有の形によって表わされ、装飾や色彩によって定められているのではない。やがて同行の友人とこの非常に高貴に見える神官との間に話が交された。しかし内宮よりもっと形の美しい外宮の祭神について彼の述べた意見は、余り確かなものとは受取れなかった。彼はこの祭神を或る女神であると言ったが、ほかの人達は、五穀を与える男神だと主張するのである。

要するにこのような神学的問題はどうでもよいのであろう。神とか霊、力などと言っても——実際、西洋の言語にはこれとぴったり一致するような言葉を見出すことができないのである、——それは祈願者の希望を叶えるような或る力の集注を意味するだけであり、またそれでよいのである。農民——もっと正確にいえば日本国民にとっては、農民の守護神は種々様々な形と性質とを具えて、神社のなかに鎮りますのである。ここには、人間の想像から生れた形像や偶像は一つもない。一般に神社の内殿にあるものとては、一面の鏡と塩だけである。大きな神社でも、御神体は何か或る象徴であるにすぎない。しかし神社には、たとえ想像せられた力にもせよ、とにかく農民精神の力が如実に宿っている。従ってそれは精神的なもの及び芸術的なものに投射せられた農民家屋にほかならないのである。

伊勢神宮こそ、全世界で最も偉大な独創的建築である。壮麗きわまりなきキリスト教の大聖堂、回教寺院、——インド或はシャム、シナ等の寺観や塔などを思いうかべてみるがよい！　伊勢神宮はこれらのものとはまったく類を異にしている。更にまたギリシアを考えてみてもよい、ギリシアの諸神は、人間を天上の美によって表現したものである。アクロポリスのパルテノンは、今日でもなお当時のアテネ人が叡智と知性とを象徴するアテネ神に捧げた神殿の美を偲《しの》ばしめるに足りる。パルテノンは大理石をもって、また伊勢大神宮は木材をもって最高の美的醇化《じゅんか》を達得した。しかしたとえパルテノンが現在のような廃墟にならなかったとしても、今日ではもはや生命のない古代の記念物にすぎないであろう。ところが伊勢神宮はそうでない！　伊勢神宮の意義は、日本の全国民の崇敬の対象であるとか、また参拝の人々が陸続として絶えないというだけに止るのではない、御造営の精神——即ちここに示された考え方に、まったく独創的なものが開顕せられているのである。

伊勢神宮の社殿は常に新らしい。見事な檜材は不断に新鮮な香りを放ち、その浄滑な素木《しらき》には油その他の塗料がひとつも施されていない。木材を組立てている技術はあくまで浄潔である。清楚な萱葺屋根には苔ひとつ無く、やはり常に新らしい。ただ棟の上に並んでいる堅魚木《かつおぎ》の両端にだけ純金の金具がはめてある。社殿をめぐる巨杉の鮮かな緑は、あたかも永遠に生きる自然のごとく、日本精神のこの常に新たな棲所を縁《ふち》どっている。

社殿は二十一年目ごとに造替せられる。その間に御用の宮大工たちは、神官と同じような純白の衣裳をつけ黒い烏帽子《えぼし》を戴いて、次の御造営のための用材を準備している。現在の社殿に隣る古殿地には浄らかな玉砂利が敷きつめてあるが、やがてまたここに新らしい社殿が建立せられるのである。それだから社殿は相隣る二面の敷地をもち、二十一年目ごとに左右に交代するのである。記録によると伊勢神宮は、これまで既に六十回以上も造替せられたという。

恐らくその間には、形式が多少改められたりまた一層醇化せられたということが考えられるかも知れない、しかしそれは結局誰にも判らないことである。いずれにせよ伊勢神宮――特に外宮は、偉大な日本的形式を最も純正に保存している。正殿の階段に附した小さな勾欄《こうらん》や階段の柱などに、仏教建築の影響を認める人があるかもしれない。だがかかる些細な点はまったく問題でない、この社殿そのものや御門こそ、日本の木造建築と農家とが醇化の極致に達したことを示すものである。古代ギリシアでは、ドリア式の神殿が塗料を施した大理石をもってギリシア建築の最高の醇化を成就した（もちろんこれは農民家屋の醇化ではない）。しかしこの二つの偉大な創造には、相通ずる同一の傾向が見られる、即ち様式が常に一定不変であったこと、及び個人の些々《ささ》たる芸術上の着想が建築的完成をいささかも妨げなかったことである。要するに同一の様式が、数百年或はそれ以上も絶えず繰返された、――即ち日本では実際に造替が行われているし、また古代ギリシアでは異った場所に新築せられたのである。

古代ギリシアでは、一切のものは細微な点にいたるまで、清澄透明な大気と紺碧《こんぺき》の空から発散する強烈な陽光に交り、最大の彫塑的効果を挙げている。そのためにギリシア建築は撮影が容易であり、また写真を見てさえ美しく感じるのである。ところが日本の風土はこれとまったく異り、空気はあまり透明でないし、雨は多く空はいつも硝子《ガラス》のように鈍く輝いている。それだから家屋には大きな庇《ひさし》が必要になり、従って神社の美しさは写真で見ると著しく減殺されるのである（たとえ社域内で自由な撮影が許されているとしても、写真で神社の美しさを理解することはまったく不可能である）。因みに農家のような、それ自体控え目な建築が著しく洗練されると、浪曼的、絵画的な美しさは――たとえ写真では時としてこれらの要素が際立って見えるにせよ、――なくなってしまう。つまり、写真に撮るための建築ではなくして、見る人のあらゆる感官を実際に満足させるような純然たる建築だからである。

伊勢神宮では、知性は少しもいらだつことがない、ギリシア建築におけると同じく、荷重とそれを支持する力とはこの上もなく単純明快に表現せられているし、また厚い萱葺屋根も棟の形式もあくまで簡明直截だからである。御門では屋根組の内部まではっきり窺うことができる、しかもかかる合理性の故にまた限りなく美しいのである。種々な構造要素の結合は、これ以外に決してあり得ないと思われるほど単純である。同じことはまた玉垣についても言い得る、浄滑な柱と板とだけから成る簡素な構造に、最高の古典美が表現されているのである。我々の知性はここで、或は用材が厚すぎるとか或は棟の先端に交叉している千木《ちぎ》が長すぎるとかいうことを問う必要がない。我々は、一切の目的が美的に充足せられているのを見るだけであり、また理性もこれに対して『然り！』と肯定するのである。

美的なものは感覚を満足させる。柱の太さは感情に与える最大の効果によって決定せられ、材料の節約や静力学的な考慮に煩わされていない。円柱には丸木を用いているので、木理は切りさいなまれる必要がなく、柱全体がその柔かさと感情に及ぼす力とを両《ふた》つながら如実に保持している。これに反して水平の梁材と斜材とは角材である。ここは人間の技術を施すべき点であるから、曲った木材や円材を用いるのは不合理であろう。装飾的と言い得るかもしれない極めて少数の箇所もまた同様の法則に従っている。例えば切妻の下部に左右四対の『おさ小舞《こまい》』（鞭掛《むちかげ》）が側方に突出している、これは合理的に考察すれば古代の遺物に相違ないが、しかしこの微細な点を建築的に解決することがいかに困難であるかを想いみるならば、芸術的にも必要であるといわねばならない。つまりこの箇所で屋根は殆んど直角に交叉し、そこに立っている独立柱への移行が明示せられねばならないからである。この柱は厳密に垂直ではなくてやや内側に傾いているが、これは他の柱についいても同様である。伊勢神宮では宮域の内部に入ることはもとより、測定したり写真を撮ったりすることも禁じられている。しかし外宮建築の技術細部や比例を示す少数の写真で見ても、釣合は実に見事で殆んど黄金截に近い。また円柱はふくらみをもち、なかんずく萱屋根の線は醇化の極致である、これに美的分析を施すならば、その成果はパルテノンにも劣らないであろう。

伊勢神宮は全体としてこの上もなく簡素であり、素樸《そぼく》にすら見える。しかしこれはまったく理性的なものが意識的に最高の醇化を達成した結果にほかならない。自然石の基礎の上に立っている木部も極めて単純で、形式的な加工を一つも施してない、実に単純そのものである。神苑内の小径は曲折して処々に橋が架してある。やや小高い丘地に鎮座する内宮にあっても、すべてがあくまで自然的であり、いささかも遊玩的な要素を含んでいない。『省略』の芸術は伊勢において実にその究極に達した、これは外宮の斎館や五丈殿、九丈殿などについても同様であり、これ以上の簡素と、従ってまた建築的な明朗とはまったく不可能である。かかる簡浄は世界のどこにも——否、日本にすらほかには決して存在しない。内宮の近くにある荒祭宮《あらまつりのみや》は、同じ原理に従って建築せられた小規模の社殿であるが、まことに優雅きわまりなきものである。

私も最初、伊勢神宮を写真で見たときには、一般の外人達と同じように判断したものである。写真では、神宮はまるで特長のない小屋としか見えない、しかも、ひどく気取っていないまでも相当取澄した形式であるように思われた。一般に外人は何か固定した観念をもって日本へやってくる、しかし伊勢神宮の写真は、このような観念を満足させるものではない。ただみずから伊勢を訪れてのみ日本のなんたるかを知り得るのである。

伊勢神宮は、人間の理念や観念或は事業などを徒らに凝化して永遠に伝えようとしたものではない。この建築は、過ぎ去りつつしかも常に新たに来りつぐ時代のなかで永遠の生命を保っている。それは過ぎ去りゆくものの醇化であり、瞬間を宇宙のなかに投射した姿にほかならず、宇宙を引きおろして、か弱い人間と人間のはかない事業とにそぐわせ、人間の事業をできるなら数千年も永存させようと巧んだものではない。まことに伊勢神宮は、エジプトのピラミッドやスフィンクス、即ち永遠の存在を希《ねが》う超人間的意欲の表現のみならず、隣国のシナとも著しい対照を示している。さればこそ伊勢神宮は『神』ならぬ諸神の棲処《すみか》ではない。実際、何人も神々の姿などを思い浮べてはいないのである。伊勢の内宮と外宮とは、実に日本の農民精神を籠めた聖櫃であり『神殿』である。

日本には到るところに小さな社殿とこれに附属する拝殿とがあって、伊勢神宮に具現せられた精神をさながらに顕示している。この精神は、日本民族の行動の一切を貫いている簡明な原理であり、これによって過ぎ去りゆくものの醇化が成就せられるのである。

先史時代の日本は、芸術の分野においても伊勢神宮と同じ方向を辿っていたように思われる。貴人の墳墓に納められた粘土製の宮埴輪は神社の形式を伝え、当時の原始的農民家屋がやはり杭上に建てられた単室家屋であり、その起原は恐らく南海諸島であろうという仮説を支持している。古代の墳墓中に見出される装飾品や武器なども、一般に考えられている日本とはまったく類を異にするものである。これらの事物はむしろ近東諸国、それどころか古代ギリシア（ミケーネ）をすら想起させる。或はこれらのものが、——単なる推測にすぎないが、——伊勢神宮の偉大な理性的芸術の前段階ではあるまいか。

我々は伊勢神宮の芸術を、大きな長いうねりなしてたゆとう静かな波に比することができるであろう。しかしこの波は国土の一角で、烈しい浦風に立ちさわぐ細波に出会い、これにすっかり蔽われてしまった。それだから砕け散る白波のなかに長い静かなうねりは殆んど見わけがたいけれども、しかし動かすべからざる事実として今なお存在しているのである。

日本は第六世紀になって、シナから渡来した偉大な外来文化と初めて接触した。全アジア大陸を蔽い尽した豊富多様なシナ文化は、日本古来の考方に衝撃と不安とを与えざるを得なかった。日本の古代文化は、これに比すれば貧弱でありまた思想的にも深くなかったから、謙遜な態度で新来の文化を学ぶ必要があった。本来の日本文化は、小児のごとく純真であり、その奔放な想像力は一切のものに生命を与えた。当時の日本文化は、『まったく』芸術的であり、偉大な思想を表現しようとしたのでもなければ、尊厳を誇示しようと企てたのでもない。そのうえ技術的にもまだ完成されていなかった。これに反してシナ文化は既に数千年の訓練を経た哲学的精神を蔵し、また同時に洗練せられた芸術をもっていた。この芸術は技術的にも幾多の驚異すべき芸術品を産み、その範囲は後代に遺る記念的作品から怪奇虚誕なものにまで及んでいる。これに比べると古代日本は、いわば片言を操る小児であり、またその生活においても、技巧にすぐれたアカデミックな芸術家に対する素樸奔放な芸術家の観がある。

シナの芸術史を通観すると、この国の豊富な精神的所産に相応して、日本とは異る住宅形式が――少くとも高貴な人々の住居に関しては――発展した。即ち宮殿や寺院には先《ま》ず高大な前殿があり、その背後に数多の房室が連っている。つまり巍々《ぎぎ》たる威容を誇示せんとする建築様式であって、民衆を威圧するために新たに発生した荘厳の概念を具現したものにほかならない。

これは、日本や古代ギリシアとはまったく異った考方である。即ち巍々たる表現を建築に求めようとしたのであるが、このようなことは建築がその本分をみずから放棄しない限り、決して為し得ざるところであるし、また実際にも、伊勢や古代ギリシアは決してかかる建築を欲しなかった。伊勢神宮もパルテノンも、真に国民精神を表現している建築でありながら、しかもそれぞれ独自の完成に到達したのである。

ところがシナの宮殿は、いわば堂々とした舞台のようなものにならざるを得なかった。軒の出の深い屋根は豪華な玄関となり、その屋根はまた特別の柱で支えられている。要するに全体がさながら一個の舞台であり、権力者の尊厳と威儀とにふさわしいものとなった。庭の眺めもまたこのような傾向に追随した、そこで庭苑は哲学的思想の仲介者となったのである。例えば京都龍安寺の庭園は、白砂の上に奇石を配置したのみであり、またその他のシナ風の庭では、岩石、樹木及び水を用いて自然の景観を偲び、これによって哲学的気分を助成し或は招来するのである。こうして庭園にも建築と同じく、その本質にとってまったく異質的な要求が課せられるにいたったのである。

日本は、この新らしい要求に日本的精神を以て応えることができた。京都の御所は広大であるにも拘らず、これを繞《めぐ》る宮墻は簡素で美しく、また石を畳んだ直線の排水路にせよ或は廊下にせよ、すべてこの上もなく簡明である。なかんずく御即位の大典を挙げさせられる紫宸殿《ししんでん》の荘厳にしてしかも簡素な結構は、あらゆる宮殿の模範である。この広大な規模に比べると日本人が賞揚しておかない殿前の御庭は比較的狭く、また殆んど非芸術的とさえ言える。しかし日本のすぐれた造園術は、あらゆる点を、簡素と明晰とを旨とする精神をもって貫いている、その最も美しい表現は実に桂離宮の林泉である。また醍醐寺三宝院の庭園のように、細部をきわめて見事に取扱ったものもあり、西本願寺の小さな林泉のごとく自然のなかに渾然と融合したものもある。金閣寺でも、庭園と池とが有機的に結びついている。しかし銀閣寺の庭は、岩、橋、池などがくどくどと布置されているばかりでなく、白砂を盛った富士山まで設けて、その怪奇な景観は眼を休ませる遑《いとま》がない（これを造った芸術家は恐らく実際にシナを見たことがなかったのであろう）。

当時、俗界の権力を掌握していた諸大名や将軍達は、しばしば彼等の邸宅を極楽浄土界の主権者たる仏陀に奉献した。そこには金色の仏達が蓮華の上で瞑想に沈んでいる。一切の殺生を堅く戒めた大慈大悲の仏陀の教は、日本仏教の熱烈な預言者である聖徳太子がその反対者に加えた殺戮《さつりく》をもって日本に入ってきた（シーボルト『日本』参照）。いま仏陀は、例えば銀閣寺で将軍の像があたかも貴い仏像でもあるかのように礼拝せられるのを、徒らに傍観していなければならない。それどころか有名な松島の瑞巌寺《ずいがんじ》では、伊達政宗の像が仏像に代って仏壇の中央に据えられている。瑞巌寺の若僧の話によると、今から八十年前に本尊の聖観音像が逐《お》いやられて、その代りに刀を佩《は》き醜悪な眼つきをした武将の像が仏壇の奥深いところに置かれたのだという、しかしこの像は格子のうしろにあって、あたかも檻の中の猛獣のように見えるのである。

世俗的権力と精神的権力とのこのような混淆《こんこう》は、恐らく稀有な例であろう。なるほど中世の日本には戦争をした法皇があり、これに対応するものとして僧兵が出現した、しかしかかる両棲的存在はやがて本来の武士によって駆逐せられ、大慈大悲の仏陀に奉仕する出家は刀を帯びることを許されなかった。

上に述べた歴史的事実をまったく知らない人でも、寺院建築の線や贅物《ぜいぶつ》にすぎぬ装飾或は著しく浮誇な特性のうちに、このような事情を感得するであろう。しかし本来の日本精神は強靱であった、それだから例えばシナ建築では軒先の線が怪奇な反りを示していても、日本ではそれから優雅なのびのびした線が創りだされたのである。奈良にある最も古い寺のなかには、元来富者の邸宅であったものも数多くあるが、その白壁や柱にはまだ巧緻典雅な趣を止めているし、また屋根の線も非常に優雅である。とはいえこのような建築ですら、屋根下の複雑な組物には、早くも遊玩的な傾向が現われ始めている。これらの細部も、元来は構造的要素であったが、かかる傾向に災いされて屋根の構造は次第に自然的単純さを失うようになった。大工が、建築は装飾的でなければならないという要求に応ぜざるを得なくなると、彼自身の実際的理性に頼ることができなくなり、従ってまたまた建築全体も構造的意義を失った。武家政治の権力は芸術家にも強制を加えた、そして刀の反りに似た優雅な軒先の線に武力の象徴を見出したのである。かかるモティーフは城郭にも現われている。これは軍人の用いる装飾、例えば現代の将軍達が胸にさげている勲章を偲ばせるものである。かかるモティーフは、城郭にも現われている、城郭は土塁《どるい》、雄大な石垣、橋のある城門等によって現実的な威力を表現しているが、このような要素はすべて築城に関することであるから、当時の技術家によって純技術的に築造されたものである。しかし石垣の上に構えられた櫓《やぐら》は、非常に唐突であり遊玩的な趣を具えている。天守閣にしても、それ自体は壮大であり極度に装飾的であるにも拘らず、その力や量にふさわしい表現を具えていないのである。

だが神社とてもやはりこのような影響を免れることはできなかった。多くの神社は、屋根にも反りが附してあり、また木部にはまったく構造と関係のない装飾が施されている。棟と屋根全体との見事な結合は既に失われ、萱葺屋根にも、軒先へ降るに従って厚みを増すような精緻な心遣いをもはや見ることができない。千木はいたずらに棟の上に置かれ、入口には屋根をもつ階段があるけれども、本屋との調和はもうまったく失われている（出雲大社）。確かに、伊勢神宮と同じく建築の純粋性を保存している神社も数多くある、しかし神道の本質を喪失してしまったいわゆる寺社の数は更に多いのである。かかる神社にはところ狭く彫刻が施され、またきらびやかな飾金具や華美な漆《うるし》細工などがごてごて取附けてある。このような数々の贅物が附き纏《まと》っているからこそ、一定の期間毎に社殿を新たに造替するという考が、棄てて顧られなくなったのである。実際、造替するとしたらその費用の多額に堪えないであろう。ただ金をかけさえすればよいという考は、古代日本の思想と根本的に背馳《はいち》する。それだから、例えば佐渡で伊勢形式の正殿に直接拝殿を接続させた簡素な神社（相川・火伏神社）を見出すことは非常な喜びである。ここでは一切のものが真の日本精神を表現している。入口の戸にせよ、長く連った大窓或は拝殿前の階段にせよ、実に調和的な釣合を保っている。この地方の漁師の家屋と同じ様式をもつ神官の家も、また巧まざる品位を具えていた。これらの建築はいずれもかなり新らしいものであり、また学者先生の設計ではなくて、まったく普通の大工の手に成ったもののようである。

後に寺院に改められた殿閣は、いずれも眼を驚かす結構を具えているが、その平面図は詳しい説明がないとまるで迷宮そっくりである。恐らくそれは、外に向っては民衆に対して最大の距離を設け、内では剣のほかに頼むところのない権力者が、自己の起居する場所を秘密にして身の安全を図ろうとする意図の表われであろう。秀吉は湯殿に入って裸になる時でも、身辺から刀を離さなかった。今でも湯殿に刀を置く棚が残っているのはそのためである（飛雲閣・黄鶴台《おうかくだい》）。廊下を隔てて左右に室《へや》がつらなり、その室の向う側にもまた廊下がある、また諸方の隅々や内庭の曲り角などにはさまざまな出入口が設けてある。それだから武士の邸宅の平面図を見ると、まるで隠れん坊をするためにわざわざ建てた家屋ででもあるかのような印象をうけるのである。

そのほかにもまだ種々な要素が、日本の住宅建築にいろいろな影響を与えている、しかもその影響は普通の小住宅にまで及んでいるのである。身体の小さな人が立派な体格をもつ人の挙動を真似たり、或は女中が主婦を見習うのは有りがちなことだからである。要するに物の本末軽重を取りちがえているのだ。例えば大名の邸宅には（これに倣ってまた寺院の方丈にも）、玄関に一段ないし数段の高い式台がある。この上り段は、来客のあったときに身分の高い人が家臣を従えてここに現われ、自分の威厳を示そうとする明かな目的をもっている。それだから背景には壁があったり、またもっと小規模な邸宅では今でも衝立が立ててある。身分の高い人達は、このような芝居めいた階段を実際に下りてくるのではない、ところが普通の住宅や旅館までもこの形式を取りいれているのである。しかし日本人の脚は比較的短いし、そのうえ長いキモノを着ているのだから——キモノは長いほど高尚なのだ！——このような設備は非常に不便である。いずれにせよ、そんなところから今日でも嶮《けわ》しすぎる階段を設けるような習慣が残ったのであろう。昔は家屋が地面と同じ高さであったが、後になってオランダのように船の習慣が取りいれられたのであるという説を樹てても、これらの現象を説明することはできまい。実際かかる邸宅の平面図が故意に不分明にしてあるという事実から見ても、如上の結論は否定し得ないと思う。『高尚』な本玄関は、一般の住宅でも直接廊下に続けてはいけないことになっている。つまり表玄関のほかに、家族のものが出入りする質素な内玄関があり、更に召使用の出入口が設けてある。いずれにせよ大名邸の堂々とした玄関にいかめしい曲線をつかった破風を設けたり、また徒らに繁縟《はんじょく》な装飾を施すのは、結局低級な芸術的感覚を満足させるにすぎない。ところがこのような装飾は一層安手な彫刻などになって、普通の住宅や旅館、料亭にもしばしば見られ、しかもそれがかえって観光客には賞讃されるのである。

禅

禅！　この不可説語は、上に述べたような流弊を抑制して日本文化のいかもの化を救った偉大な精神的思潮である。

禅は、仏陀に対して厳密に哲学的な無神論的態度を表明しているが、恐らく老子の思想もこれに影響を与えているのであろう。老子の教は階級的、道徳的な孔子教とは反対の立場をとるものである。インドの達磨大士はシナに渡来して、九年の坐禅ののち偉大な精神力を逮得した。やがて彼は愚かな王を見捨て、一条の竹枝に駕して海に泛《うか》び、伝説によると日本にも渡航したということである。禅（静慮）は、思慮に耽《ふけ》り思索を玩び、或はまた学的体系の建設を欲するものではない。禅は肉体と精神との一切の力を身体の中心に——頭脳ではない！——集注して、完全に天地と合一することを意味する、このとき我々は既に天地の一部であるから、善悪はもはや重大な意味をもたないし、また——老子の言うように、人間愛と正義の如きは下級の徳にすぎない。そこで権力者は、かかる思想から自分達に都合のよい道徳を案出した。つまり仏は一切者のうちに、従ってまた彼等自身のうちにも内存すると称して、自己の汚行を弁明したのである。しかしいずれにせよシナは、禅について偉大な発展をとげた、また日本が虚心坦懐にこの思想を受けいれ、独自の仕方で消化摂取したことも実に賞讃に値する業績である。

僧侶が士農工商のいずれにも属していないということは、不思議に思われるかもしれない。僧侶はもちろん一の身分ではあるが、しかし限定せられた階級を形成するものではない。日本では、昔の学者や芸術家のみならず、総じて精神的にすぐれていた人々は概ね僧侶である。また大名のなかにも晩年剃髪して入道となり、寺に隠退して精神的な仕事に従事したものがある。それどころか将軍までもその例に倣った、尤もなかには政治的な掛引からことさらに緇衣《しい》をまとい、自由な手で名義上の将軍を操っていたものもある。のみならず天皇でさえ、時の将軍から退位を強要せられるに先立ち、落飾せられたこともある。

このように当時の高い哲学的文化は、禅宗において最も顕著に具現せられたのみならず、禅の思想はまた烈しい名誉心や苛辣な権力闘争にも抑制を加えた。芸術の世界でも恬静《てんせい》と超俗とが芸術家の義務となり、従って清逸な形式が芸術の原理とせられたのである。このような根本観念から、多くの邸宅や庭園に見る高い美が生じた、しかしかかる美は、伊勢神宮の至純な芸術的原理とは多かれ少かれ異ったものである。それは、いわば日本とシナとの『綜合』にほかならない。かくのごとき綜合は、今日にいたるまで日本の芸術に甚深な影響を与えている。日本語には『いかもの』とか『いんちき』などという言葉があり、それを聞くと日本人は直ちにその意味を理会して笑うのである。そのほかにも『味』、『幽玄』、『渋い』或は『侘《わ》び』などという言葉もあり、その内容は独自の日本的な色合を帯びて、今でも如実に生きている。このような日本語は、実に複雑な概念を含蓄しているので、前後の関連からのみ感得せられ得る、これこそ東洋が西洋に加うべきプラスである。

これはまったく精神的な雰囲気にほかならないが、あたかも薫香のように日本の建築、部屋及び庭園に揺曳している。こういうものは原始日本の立場——即ち伊勢時代の規準から見れば、多少気紛れな要素を含んでいる。しかし、いずれにせよこの大きな魅力は禅に由来するところが多大である。

それにも拘らず将軍の居城は、天皇の宮殿に比してなんという低劣な趣味を示していることであろうか。将軍を祀った社殿やこれに附属する廟《びょう》にいたっては言語道断である。これらの造営物から発散するものは、まったくがさつな趣味でしかない。第十六世紀に有名な桃山城を建築した秀吉にしてからが、既にそうであった。聚楽第《じゅらくだい》の遺構である飛雲閣や西本願寺書院を見ると、百姓の伜《せがれ》であった太閤が、これらの建築を指図した有様を想望することができる。どこに洗練された趣味があるだろうか、——巨匠の手になる折角の名画も建築とまるで調和していない。有名な対面所（西本願寺・鴻《こう》の間《ま》）も、建築的に見ると非常に薄弱である。ここで独裁者たる太閤は、まるで芝居の殿様のように傲然と坐っていたのであろう。しかも天の御子であられる天皇には、円窓のついた小さな御座所しか進めまいらせなかったのである。しかし太閤は茶の湯を奨励して、サムライの嗜みとした、これによって粗野な武士達を手なずけ、礼儀を弁《わきま》えさせようとしたのである。そのほか寺院を建築し庭園を築き——なかには三宝院の庭のような非常に美しいものもある、——また茶室も建てている。だが飛雲閣の茶室は、秀吉自身が愛用したものであるというけれども、茶室の特性である詩がまったく欠如している平板な建築でしかない。

しかし私の知るかぎりでは、少くとも秀吉は、のちに徳川の将軍達が敢てしたように、社廟のなかで仏陀と同座し、諸人の礼拝をうけるという僭越な振舞はしなかった。また彼は茶の湯を、武士の間ばかりでなく庶民階級のうちにも普及させたという大きな功績をもっている。茶の湯というこの厳格な社交形式は、もと僧侶と寺院の儀軌とから出たものであろう。しかし『無』の哲学である禅は、宗教的なものの限界を払拭して茶の湯を文化的な——即ち精神的及び芸術的な思潮の一原泉とした。人間の創作したもののうちには必ず作者の精神がこもっている。茶の湯の客は、茶碗をささげて静かに眺め、やがて隣の人に廻すためにこれを畳のうえに置く、するとこの客もまた同じように茶碗をじっと視るのであるが、これは決して器物の外形だけに注目するのではない。人間の手に成る作品を静かに観照することは、すぐれた芸術品を創作する前提の一つである。かかる作品のみが、深く沈潜し静かに観賞する眼に堪えるのである。このような精神は、茶礼の場所としての茶室をも支配している。茶会の定式に従って茶室に坐し茶を喫する時には、この静逸な気分をみだすような言葉は一切慎まねばならぬ。階級の差別は、茶礼の一層高い法則の下ではすべて消失する、従って室の簡素や狭隘なことはもはやまったく問題にならない、かかる集いの和《なごや》かにして節度ある調和のみが肝要なのである。床の間には概ね一行の文句からなる掛軸が吊られ、またその前に置かれた花瓶にはただ一枝が活けてあるだけで、冗物は何ひとつ見ることができない。即ち主人の洗練された趣味と風雅な精神とが一切であり、豊富華麗のごときは茶礼とはまったく没交渉である。

宗教とその文化的影響とは、しばしば権力者の目的のために利用せられた。しかし文化の力が権力者にすら強制を加えたことは、茶道ばかりではなかった、——茶道では、簡素を尚《とうと》ぶ古来の日本精神が新らしい哲学と結合したのである。シナから渡来した文化は、権力を荘厳し誇示する具に供せられた、しかしまた他方ではたとえうわべだけにもせよ、或る程度の教養をもつべき義務をも課した。建築したり、すぐれた芸術家や工匠を使役するには、高尚な精神的態度が必要だからである。寺院風の殿閣の屋根に見られる刀の反りに似た事々しい曲線と艶麗浮華な装飾とは、静逸にして節度ある茶の湯趣味にその対抗物を見出したのである。

単純のなかの豊富

日本文化は、日本自体にとってのみならず、幾多の点でむしろ諸他の国々に対してこそ一層重要な価値をもっている。世界はこの島国に、唯一無二の宝を所有していると言ってよい。しかもこの宝は、ひとたび失われれば永久に恢復し得ないのである。ドイツでは一時、文化という語が賢明な人々によって忌避せられたことがあった。それはこの言葉を濫用しすぎた結果、空疎なきまり文句になってしまったという事情にもよるが、しかしまたヨーロッパには、実際にこの語を充たすに足るような内容がもはや存在しなくなったからでもある。いったい文化の本質は、どういうところにあるのだろうか。それは、生活のあらゆる現象が相集って一の調和ある全体を構成していることである。一般にヨーロッパ人は、少くとも日本に今なお活きている典型的な伝統が問題となる限り、かかる文化は日本にのみ実現されているという見解をもっている。尤もヨーロッパ人のうちには、日本文化がこのように自足完結しているということは同時にまたその弱点でもあると考える人もいる。つまり日本文化の如く、あらゆる細部にいたるまで精巧に構成せられている偉大な調和は、既に硬直状態に陥ったものであり、爾後の発展を不可能にするというのである。それだからエミール・レーデレル教授はその著『日本―ヨーロッパ Emil Lederer: Japan-Europa, 1929』のなかで――これはその他の点ではすぐれた著作である、――日本文化は静的な、換言すればそれ自体固定して動かぬ文化であり、これに反してヨーロッパ文化は動的な、即ち自らも動き他をも動かす文化であると述べている。つまりレーデレルは、あらゆる思潮、あらゆる時代的傾向に対してはもとより、個人及び集団の有力な影響に対しても直ちに反応するのがヨーロッパ文化の長所だと主張するのである。しかしこのような特性こそ、ヨーロッパにおいて様式の流行に甚しい混乱をひき起した当の原因であり、また流行という概念そのものも――これは典型的なヨーロッパ・アメリカ的概念である、――結局ここから生じたにほかならない。しかもこの概念の影響は、衣裳や家屋のみならず思想、理論及び生活態度全体にまで及んでいる、実際ヨーロッパ人の生活態度は、これがためにまったく帰趨を失うにいたったのである。さればこそレーデレル自身も、欧米が日本に与えた影響は、結局機械――それももっぱら兵器やその技術に限られ、本来の文化的影響というものは極めて浅薄な程度に止まることを認めているのである。ところがヨーロッパは、実にこの文化的方面においてのみ日本から幾多の影響を蒙り、特に芸術及び建築の領域では、その影響が相当深く浸潤しているのである。例えば現代建築は、その発生の時以来（一九〇〇年頃）直接に日本から甚深な影響を受けている。要するに日本からヨーロッパに齎《もたら》されたものは決して文明ではなかった、また欧米から日本に渡来したものは決して文化ではなかったのである。

つまり日本では、凡《およ》そ文化でありさえすれば、地球上に存在する多くの文化のどれでも構わないというのではなくて、生ける調和が問題なのである。それだから、いわば一個の生物であるところの文化現象に対して、死者についてのみ言い得る硬直状態を云々するのは、まったく誤謬《ごびゅう》でなければならぬ。それどころか欧米こそ、みずからの非文化を認め、文化の特性は一切の生活現象を融合して一個の調和ある全体とするところにあるということを、率直に承認すべきである。芸術及び生活において簡素を求める傾向は、日本文化を貫く特性である、そしてこれこそ教養ある欧米人が良い意味で『現代的《モダン》』と呼ぶところのものにほかならない。このようにヨーロッパでも教養ある人士の間には、活ける文化の概念がまだ存在しているのであり、それは日本のすぐれた伝統に存する原理と完全に一致するのである。

しかし、日本文化が硬直しているなどという見解はどうして生じたのであろうか。

神道は、原始日本のあくまで独創的な創造である、その起原は二千年以前に遡りいかなる国ともまったく関係のない独自の思想である。神道（神々の道）は、元来祖先崇拝という単純な内容をもち、それが天皇を中心として結晶するとともに、日本人相互の間に、また日本人とこの国土との間に、独自の結合を生じた。宗教としての神道は、遥かに深い道徳を説く諸他の宗教に比すれば、確かに内容が豊富であるとは言い難い。さればこそ個人的な苦悩を懐《いだ》く人々は、救済の手をさしのべている仏教や、またのちには基督教に或る程度の満足を求め得たのである。しかしこれらの宗教も、ひとたび日本に入ってくると、いつの間にか変容して本来の陰鬱な性質を失ってしまった。日本人の創造した神道に表現せられている明朗な自然観と社会観とは、外来宗教の持つ陰惨な威嚇を却って自己の心的生活を安穏ならしめる平安に変じたのである。他方、日本人は神道においても絶えず新たな創造をつづけてきた。単純なもののうちに偉大な創造力と強靱な弾力性とが包蔵せられているという事実は、まさにその適例である。日本文化を批評する人々は、このような現象そのものを深く探究してみなければならないであろう。余り文献の研究にのみ没頭しないで、神道が日本国民の生活全体のうちに表現している無限の変化を、自己の眼をもって看取しなければならない。そうしたときに初めて批評家たちは、日本文化がこれまで顕示してきた力が何に因由するかを発見し、また最も単純なものこそ最も豊富な内容の創造者であることを知るであろう。

確かに神道の『理念』は極めて『原始的』である。それは人間及び人間の秩序と、自然及びもろもろの自然力との融合にほかならない。それだから神社は必ず森か山の上か、さもなければ海浜にある。しかし自然とのかかる結合が、いかなる場合にも極めて趣深く、またこの上もなくすぐれた美しさを創りだしているという事実は、それだけでも考えてみなければならないことであろう。加うるに、神社の建築様式にも固定した型というものがなく、その変化にいたっては実に無限である。即ち高い山とか、平野のなかの村や町のはずれにある鬱蒼とした大樹の下などに建立せられた大きな社殿から、町や村のふとした片隅の樹下に見かける小社殿、また庭園や百貨店或はビルジングの屋上庭園に設けられた私祭の社殿、更にまた室内の神棚に安置せられたささやかな社殿、例えば店内に客席と調理場とをもつ小料理店に祀られた模擬社殿、一般の家庭の台所に設けられた神棚の上の小社殿（そこには便腹豊頰《べんぷくほうきょう》の福徳神に小さなお供え物が上げてある）にいたるまで、実に種々様々である。それどころか皿や花立などの供えてある墓石にさえ、神社建築の影響を示しているものがある。一体に日本人の墓地は、手入れがゆき届いているという印象を与えない。むしろ自然の手に委ねられて、いつかは自然のなかにそのまま解消してしまう運命をもっているような趣がある。ことに田舎の墓地は境界がはっきりせず、どこかの片隅とか樹の下とかに散在しているので、そのまま風景と融合して、いわば死者が風景のなかに吸収せられているのである。汽車で通りすぎると、墓地らしいものは一向眼につかない。しかし眼が、日本家屋のもつ意味や農民の様々な生活行事に馴れてくると、――つまりこの国土について幾許《いくばく》かの知識をもつようになると、そこで初めて日本の風景に含まれているこのような細部が、非常にこまかい心遣いと控え目な態度で取扱われているのに気がつくのである。ここで言おうとするのは、死者を葬る宗教的儀式のことではない。それは殆んどすべて仏式である。しかし日本の葬儀に、例えばシナで見るような仰々しさのないのは、神道の根本的観念に因由するものであると思う。また宗教的性格のはっきりした事物は別としても、路傍や庭の隅などには、石造の小社殿が安置されて、それぞれ伝統に因む縁起や神秘的な意味をもっている。かかる小祠のそばには、幸福をもたらす動物として狐の像が置かれ、その横には狐の棲処を象徴する石の洞穴を設けたところもある。また狸の奇怪な変化譚を読んだり聞いたりするが、この狸にさえ或るお寺では供物をあげているのである。日本人は、狸が実際人間に――それも好んで坊主にばける（これは巧妙な皮肉かもしれない）ということを真面目に信じている。狸が人間にばけるのは、愚鈍で臆病な人達をからかったり、また罪なくして苦しめられている人々を妖術で護ったり、或は自分を助けてくれた人に恩がえしをするためである。このような変化譚は、ドイツのリーゼンゲビルゲ地方に行われているリューベツァール*の姿を彷彿《ほうふつ》させる、この地方ではリューベツァールをめぐって、滑稽なしかし勧善懲悪の意を寓する民俗説話が数限りなく作られている。リューベツァールも狸も、諧謔を喜ぶ民俗心理の現われであり、恐らくリーゼンゲビルゲ地方にせよ或は日本にせよ、農民のうちの比較的教養のある滑稽家が、このような化生《けしょう》のものとこれにまつわる迷信とを利用して諧謔をもてあそび、更にまた新らしい変化譚をつけ加えたのであろう。

＊ドイツのリーゼンゲビルゲ地方の民間伝承に現われる山妖。よく動物にばけて善人を助け悪

人を懲らすと言われている。

するとそれが一場の滑稽談として口から口へ伝えられるうちに、多かれ少かれ本当にあったこととして信ぜられ、やがてまた別の滑稽家が現われてこれを材料に変り話を作って喜ぶということになるのである。シナに始まった狐の信仰が神道と結びつき、また逆に狸が、本来日本のものでありながらお寺などで拝まれるようになって仏教と結合したという事実は、日本民族がやかましい教義などをあまり問題にしていないことを証示するものである、しかしこのようなことも結局――皮肉なのかもしれない。

神社の祭神について、或は語り伝えられ或は書物に記されている神話、口碑、伝説のたぐいは、あたかも熱帯地方の攀繞《はんにょう》植物のようにからみあい縺《もつ》れあっているので、これに通暁することはその半ばだけでも容易でない。

批評家たちは、よく神道の素朴性や原始性を主張するけれども、私にはここにこそおよそ反対の事柄――即ち想像力のあくまで豊かな詩と思想とが、多種多様な芸術的印象力をもって表現せられているように思われる。ヨーロッパ人は、何としてもこれほど夥しい物語や伝説に精通することはできない。これらの伝説は、日本人の血のなかに極めて自然に、またなんの造作もなく泌《し》みこんでいるのである。ちょうど子供の時分に聞かされた物語や童話が、すっかり私達の血にまじっているのと少しも変りがない。そのうえ日本人は即興を愛する。ほかのことでは形式を厳しく守るにも拘らず、即興を愛する心は日本人のあらゆる芸術的表現（もちろん建築だけは例外ではあるが）特に絵画と抒情詩との特性である。堪能な画家や歌人或は俳人は、これを社交的な遊玩の具にさえ供している。しかし建築とても、——一般の日本家屋は木骨架構にすぎないのであるから、——無限の変化が可能である。実際、昔の見事な茶室は、所詮洗練された趣味をもつ茶の湯の宗匠達がものした抒情詩にほかならない。今日でも京都の大工などは、建築家が精密な図面を与えておいても、それに構わずに自分でもっとよいものを造りだすことがよくある、そしてこのような場合に、多くの即興的なものが現われてくるのである。

しかし日本人の即興を愛する心は、上に述べたような物語に、最もよい捌け口を見出したのである、しかもこのことは、神道の根本思想が極めて単純なところから、ますます容易であった。この根本思想は、見たところ非常に大きい規模をもつ神社、例えば京都付近の愛宕山《あたごさん》上にある神社（愛宕神社）などに、簡明直截に表現せられている。ケーブルカーの起点からずっと手前の深い谷間に、早くも一の鳥居が立っている。そこでこの辺りも、また電車の停留所も『一の鳥居』と呼ばれているのである。今日ではここからしばらく電車に乗続け、それからまたケーブルカーで長い距離を登ったところでようやく嶮峻な参道が始まり、山上の愛宕神社に赴くのであるが、以前は一の鳥居から歩いたものである。老杉の高くそびえる木立のなかの長い石段を登ると境内に入る門（薬医門）がある。更に掛茶屋のある見晴台に通う路を進んで行くと、そこに幅の広い嶮《けわ》しい大石段があり、左右には石燈籠が立ち並んでいる。しかしこの石段を登ってもまだ社殿ではなくて、第一の門よりも大きないま一つの門があるにすぎない。この門はちょうど新たに建替えられたばかりで、石段の下には大工の仕事場があった。神道は仏教と異り、むっとする黴《かび》臭さや、また年経て深まる神秘の気分を厭い、二十年ないし二十一年目毎に社殿を造替するのであるが、しかしその形式はまったくもとの儘《まま》である。さてこの門を経て直角に右折するところに、屋根のある非常に長い階段があり、これを登りきるとようやく本殿に達する。この社殿もつい近頃造替せられたばかりである。私が頂上についたのは濃い夕闇がたちこめた頃で、遥か下方には杉木立の合間からすでに京都の燈火が点々として見えた、だが私のいるあたりは、あくまで静寂である。社地の中央には開朗な社殿が立っているだけで、装飾らしいものは殆んどまったく見かけない。建築物は、いずれも建築的には余り重要ではない、しかし神像や彫刻その他の宗教的装飾物がひとつもないことは、却って人の心に強く迫るものがある。つまり全体が、一つの観念の表現にほかならないのである。この神社の祭神は火神（迦遇槌命《かぐつちのみこと》）であり、同時にまた商売繁昌の神でもある。商人達はここの神主から商売繁昌の御守を頂くのであるが、そのほか火伏せ、雷除けの御守も出している。この山は、雷雨をもたらす雲間に高くそびえている、つまり雷神はこの神社のうちに神ながらましますのである。しかし――他の神社とてもそうであるが、――この神社のなかに何が安置されているだろうか。そこにあるものは一面の鏡と塩だけである。塩が海を意味するのかそれとも海と地とを意味するのかは、私には判らない。だが鏡の置かれている訳は、源実朝の歌によって明かであると思う。

神といひ仏といふも世の中の
　人のこころのほかのものかは

また謡曲『大社《おおやしろ》』のなかには次のような文句がある。

『いづくにか神の宿らぬ蔭ならん。嶺《みね》も尾上も松杉も、山河海村野田、残る方なく神のます』。

日本で神々とか或は神性などという場合には、例えば基督教の立場からいうのとはまったく異った意味をもっている。日本人には、——この点はすべての南海諸民族に共通であるが、——自然或は世界というものはあまり広大豊饒であって、擬人化され得るような全能者に従属していると考えることができないのである。日本人にとっては、一切万有は人間をも含めてこの広大なものの一部である。日本人の自然宗教は、恐らく古代ギリシア人の汎神思想に比較するのが最も当を得ているであろう。それだから社殿とか或は鏡と塩とを納めた金色にかがやく小聖櫃、即ち神輿などのうちに神がましますという場合に、ここに神とよばれるところのものは結局、偉大な力の——それが自然力であるか或は万人の崇める人間的徳であるかはまったく問題でない、——一つなのである。そして諸人がこの力をあくまで精神的なものとして崇拝するか、また思惟の透徹しない場合には、私達が迷信とよんでいるような形式をとるかは、人々の心まかせである。しかしまたこの迷信という現象も、日本の自然と生活とにその根柢を求めなければならない。日本人が、極めて巧緻な仕事に適する素質を有することは、早くから発達している集約的農業や、或はまた工芸の種々な領域における実にすばらしい技倆などに示されている、この同じ素質が、これらの仕事を成就するに都合のよい極めて精緻な社会的分化を生ぜしめた。ところがこの分化は、これに相応した宗教的感情の分化、換言すれば無限に異る精神的内容をもつ無限に多くの神社のうちに、精神的支持を求めているのである。このようにして精緻な分化を遂げ、しかも緊密な統一を有する神道の組織は、社会生活のこれまた精緻な組織を有する諸階層のいわば上部構造として形成せられた。日本人が形式を尊重する所以もまたかかる事情にもとづくのである。既に第十四世紀の初めに吉田兼好は『事理《じり》もとより二《ふたつ》ならず、外相《げそう》そむかざれば内証かならず熟す。しひて不信をいふべからず、あふぎて是《これ》を尊むべし』*と言っている。このような組織は、日本人に非常な自制を要求したし、また実際にも突然襲来する暴風雨や、時には恐ろしい災害を伴う地震或は津浪などによる自然の暴威に直面してこれに善処すべき行動をとるのに欠くべからざるものであった。日本国民はこの国土に独自の自然的環境に置かれているので、実際には非常に神経質であるが、しかしこのような神経質を外部には少しも表わさない、これはまったく自制の賜物と言わねばならぬ。そしてこれがためには、上に述べたように、社会状態及び精神状態を維持しているところの組織が、甚大な寄与を致していると考えざるを得ない。それだから日本人が、神社に祈ったり或は神官から御守や神籤《かみくじ》などを頂いて厄除けをするのは、結局自分の神経を鎮めるためで、現代の精神病医や精神分析家などが患者の診療に用いる方法と似よったものである。日本人は宗教問題についても不寛容ということを知らない。従って狂信的なところがなく、一切を堪え忍ぼうとする。また日本には瀆神《とくしん》という概念も存在しないから、銘々が自分自分の流儀で神の恵みにあずかり得るのである。神は、酒や石鹸の商標に用いられたり、また料理屋やその他ありとある『俗』用に供せられ得ないほど、神聖極まるものではない。一々の神社についてその祭神の由来を尋ねてみるならば、神道に存するこのような観念は一層明かにせられるであろう。例えばお祖父さんが孫といっしょに、この子が兵隊にとられないようにといってお詣りするようないわゆる徴兵よけの神社さえある。京都近傍の旧東海道沿いに、昔江戸に旅立つ人が、見送って来た親戚知友と最後の訣別をするのを常としたという場所がある。この街道の上手に一叢《ひとむら》の森があり、そのなかに音楽の神を祀った神社（蟬丸祠《せみまるのほこら》）が立っている。この神社の由来は、ある有名な楽人が別れにのぞみ、見送りの弟子たちに自作の楽譜を与えて秘伝を授けたのを記念したものであるという。また京都にあるいま一つの神社も、或る楽人を祭神としているが、この楽人は彼の唯一の理解者であった友が死ぬと、此の世にはもはや知音がないからこの上は弾奏も詮《せん》なきことと思いあきらめ、斧をとって楽器を砕いたというのである。京都の祇園会《ぎおんえ》には、ほかの『山』

にまじってこの場面もまた輿《こし》の上に眼もあやな活人画風に飾りつけられて市中を練り歩くのである。

＊徒然草、第百五十七段。

このような美しい物語や伝説は、ほかにも数多く語り伝えられている。例えば昔或る皇太子（聖徳太子）は手ずから木を伐り宮居を建てられたところから、いまに木匠達の保護神と崇められている。また親孝行についてもいろいろな物語があり、そのなかには或る男が年老いた両親を養うために自分の子を生埋めにしようとして穴を掘ったところ、そこから黄金が出てきたというような話もある。この物語も、活人形にして祇園会の『山』に飾られ街々を巡るのである。この場面には、豪華な衣裳をつけた親子の傍らに、真紅の小丘が設けてある、この丘から黄金の釜が現われ出るのであろう。また母の飢死を救おうとした孝子の至情を、神がいたく哀れと思召され、雪中に筍を得させたという物語もある。この場面も、綿をかぶせて積雪になぞらえた松を配して『山』の上に飾ってあった。神輿も、また社殿の内陣に安置されている神櫃も、このような説話、伝説或は寓話の精神を保存する聖櫃である。つまりこれらの物語や伝承のもつ倫理的精神的な力がこの器のなかに集中せられているので、この力は再びそこから周囲に放射し、また信仰の表現たる祭礼もこの力を弛緩させないような形式をとるのである。しかしこのような、どちらかといえばあわれ深い人間的な物語のほかにも、上に述べた組織の分化に応じて、天地創造の雄大な神話もある。例えば、日本の国土は太陽神を天の岩戸から連れだした神が、海と結んで創成したものであるという神話や、なかんずく神代に皇統と諸神の世界とを結合した神話がある。多くの神話や伝説を記念する日は一年中を通じてあり、このような記念日は色と光との素晴らしい祝祭である。私達は京都のとある小さな通りの二階の縁側から、御霊代《みたましろ》を納め華《け》鬘瓔珞《まんようらく》の燦々《さんさん》とかがやく三基の神輿が、本社の神輿舎からまず本通りの御旅所に渡御する様を眺めた。街は湧きかえるような御祭気分である。女子供、美しく着飾った芸妓や舞妓、神輿を担ぐ輿丁《よてい》達の子供などは大はしゃぎで街中を駈けまわっている。やがて興奮した大勢の輿丁が、扇をかざして音頭をとる頭領の拍子に合せて、神輿を振りながら現われた。すると今度は反対の方向から、本行列がやって来る。先頭には昔のサムライさながらに甲《かっ》冑《ちゅう》を帯し太刀を佩《は》いた大将が白馬に跨《また》がっている。次に、濃い色衣の揃いの衣裳をつけた仕丁達が御鉾、御楯、御剣などを捧持して現われ、そのあとから氏子総代が昔ながらの水色の衣を着てこれに続くのである。三台の神輿はこの厳粛な行列の間に挟まり、いわば人の肩の波に泛《うか》んで一上一下しながら街々を練っている、輿丁たちは時々腕を思いきり高く伸ばしてこの重々しい神輿を宙に差し上げるのである。輿を載せてある黒漆塗の台の下には太い轅《ながえ》が横わり、それがまた非常に重いので、かつぐには多くの肩と腕とを必要とする。金色にかがやく神輿は、『ホイ　ナ、ホイ　ナ』という勇ましい掛声をしながら満身に汗を滴らせた輿丁達の筋肉に支えられて泳いでいる。この神輿が私達のすぐ下を通りすぎる壮観は終生忘れることのできない印象であった、――実に何というすばらしい観物であろう。さながら白昼の恍惚境である。夜になると、山鉾《やまぼこ》にはもとより、祭礼用の器物に、神道の紋所を描いた提燈が幾つとなく吊られ、そのなかに蠟燭の火がともされる。神輿が御旅所に御幸する前に安置せられていた拝殿（八坂神社舞殿）は、このような提燈の光に照らされてその美しさは心ときめくばかりである。提灯は幾条もの鎖のように列なり揺れて、あたかも光の壁のようであり、しかも実に見事な明暗の諧和を形づくっている。拝殿の屋根が長くつきでている理由は、これによって初めて明かにせられるのである。神幸のあとで、神輿の輿丁達はここで酒の振舞をうけていた。本殿には篝火《かがりび》があかあかと燃えている、すでに神幸後のこととて今は御留守であるけれども、夥しい人達が商売繁昌、家内円満を祈願している。それから真鍮の筒を手にして小さな神籤を振りだすと、そこに記してある番号によって祈願がどこまできき入れられたかを知るのである。たとえ社殿は空であっても、ここには神霊の放射がまだ残っているからである。神社の近くには、歳の市のように夜店が立ち並んで、土産物や蛇の黒焼などを売っている。

日本で有名なこの祇園会が（七月十七日から二十四日まで）動きと音、色と光とをこれほど見事に構成し得たのは、昔恐ろしい疫病を禳除《じょうじょ》するために諸神を勧請し、最勝の神力を開顕して疫神の醸す疫気を払いたまえと祈願したことに始まるのである。大きな車輪を付した山車《だし》（鉾）の上には中央に小社殿を設け、前掛や胴巻或は見送には、真紅の色を非常に多く用いた高価な毛氈《もうせん》やゴブラン織がつかってある。これらの織物のなかには、ヨーロッパ或はペルシアから舶載のものもあり昔はさぞ珍重せられたことであろう、色は概ね眼もさめるばかりの赤である。その上の幔幕《まんまく》を張った席には、揃いの衣裳をつけた楽人が坐し、前方には厚化粧を施した稚児《ちご》が立っている（今では人形を用いることが多い）。最上部の尖った反り屋根の上には、飾りのある非常に高い柱が聳《そび》え立っている。この柱は、樹木とか月或は長刀を表わしているのである。これらの『鉾』には、長い綱が附してある、大勢の曳子達は、両手に扇をかざしながら音頭をとっている人達の指図のままに、この太綱を曳いて街々を練りゆくのである、このようにして、家々の屋根よりも高く聳えた鉾が動く様は、あたかも教会の塔が揺ぎだしたかのようである。車上の囃子《はやし》は、おりおり調子を変えねばならない。車には動軸が付してないので、街角を重々しく廻るときには調子が緩かになり、まっすぐな道を行くときには急になる、つまりそれぞれの道に応じていろいろ調子が変わるのである。楽器の音色は非常に独特であって、いわば一種の香気を伴っている。これは主として、車の両側に垂れつらねた鐘の音から生ずる、つまり楽人が鐘を吊った紐の一方を引く仕方によっていろいろの音色が出るのである。そのほかに太鼓や笛がある。調子は荘重であるが、しかしまた行列そのものと同じく多彩であり、これによって神々を楽しませ、諸神の加護を祈請するのである。このような六本の『鉾』の間に、上に述べた数基の『山』が、それぞれ伝説の世界から取材した人形を飾って街々を練りまわるのである。

祇園祭の善美をつくした行列も、またいま一つ京都の葵《あおい》祭の祭列も、単なる見世物ではない。これらの祭礼は、美しく着飾った満都の人々の湧立つようなお祭気分の渦巻くなかに営まれるのである。人々は一年中を通じて、この祭礼を待ちこがれている。このことは、ほかのこれほど盛大でない祭礼についても同様である。

実際この憧憬は尤もである。祇園会に先だつ数夜こそ、えもいわれぬ眼の悦びである。まず小さな通りに安置せられた『鉾』車の前後には、神社にあるような大提燈を吊し、車上の楽人席には、すぐそばの二階家から橋が渡してある。またこの家では、通りに面した部屋を美々しく飾りたてて祭礼の用に供している。その橋にも家にも沢山の――概ね赤い――提燈が綴り垂れ、橋の上には、子供達がひっきりなしに往き来している。部屋は開放されているので、入って鑑賞するのは行人の心まかせである、それどころか家人は、この見事な飾り物をできるだけ大勢の人々が観てくれることを望んでいるのである。『鉾』車の上では、楽人が祇園囃子を奏し、雑沓する群衆は音楽と光とに引きつけられて、通りすぎる電車や自動車の騒音も耳に入らぬげである。誰も彼も――特に女子供は、綺麗な晴着を着て（日本のキモノの多彩な美しさは世界に有名である）、おのおのその美を競っている。まだ純日本風な家屋の残っている横丁に入ると、狭い小路に末社がある、その小路にも夥しい提燈がともされ、また神社の拝殿には宝物庫から出してきたさまざまな宝物が陳列してあって、あたかも芝居の舞台を見るようである。そのなかには例の『山』に飾りつける伝説的人物の人形ばかりでなく、見事な刺繡を施した祭礼用の衣裳や、また大きなゴブラン織などもある。人々はここへ来てもろもろの福徳を祈願したり、また古い時代の或る皇后の伝説に因んで、安産を祈ったりする。このような昔ながらの街では、祭礼の日になると提燈の光だけが唯一の照明である。街々に連なり垂れた提燈は、たまたま山車が狭い横丁などに置かれると、『鉾』を飾る夥しい提燈の光と一つに融け合ってすばらしい芸術的調和を醸しだす。そのような時には、祇園囃子の鐘、太鼓、笛などが、全体の調和に実にしっくりした基調を与えるのである。鉾が高く聳え立っている山車の据えられた古い町々の光景こそ、日本の『眼の文化』の頂点であり、実にえもいわれず美しいものである。しかしまた、絹や木綿などをあきなう織物問屋や酒問屋の多い街で、祇園会のためとて美々しく装った店頭の有様も、実に思いがけない眼の驚きである。祭礼の夜はまた社交の夜でもある。通りに面した部屋は、行きずりの人でも心おきなく入れるようにしつらえ、主人はそこで知友と碁を打ったり、またそのほかいろいろな娯楽を偕《とも》にする。由緒ある屏風が立てめぐらされ、花瓶には花が活けてある、その花はいつもの活花とはちがって、非常に豊麗であるが、しかしそれだからといって風韻に乏しいわけではない。このようにすべてが街路に向って開放されているにも拘らず、少しも陳列窓めいたところがなく、天井からは頭の高さよりやや低目に幅の広い祭礼用の幔幕がさげてある。家のなかに入って、古い見事な屏風絵を鑑賞することこそ、家人のもっとも喜ぶところである。屏風には颯爽たる駿馬の図や、鴨、鷗、鶴、鷲などの鳥類が描かれ、なかには数百年を経たものもある。だがなんといっても、私の最も大きな驚きは、見事な屏風を立てて美しく飾りたてられた部屋に、古い日本の純粋な様式が殆んど完全に保存されていることであった。なかにはシナの影響をうけた、絢爛すぎてかえって無趣味な屏風や、私達にはどうしてもいかものとしか思われないような花模様を織りだしたヨーロッパ風の幕などもある。しかしまた昔ながらの純粋な様式をそのまま保存しているような部屋も少くない。照明には概ね天井から吊した普通の紐吊燈を用いているが、時には日本でももうまったく見かけなくなった昔風の行燈《あんどん》を使っているところもあった。行燈は、高さが一メートルばかりでやはり電燈を点すようになってはいるが、それから放射する柔かな光は、概ね室の下方を照らすので、畳と淡黄色の壁とのある日本間のちょうど長押《なげし》のところまでが（一・七二メートル）明るくなる、つまり光は、畳の上に坐っている人の眼のとどく高さまで達するのである。このような室に坐って、私たちの享受する眼の悦びの随一は、これらの部屋部屋の後ろにある非常に小さな中庭の眺めである。庭には一株の樹が植えてあり、その背後にはまた居間がつづいている。するとこれらの居間の後ろにも、いま一つの大きな庭があって、前栽《せんざい》が電燈の光にあかあかと照らし出されている。これはもうお祭のための陳列ではない、祭礼と現実との融合であり、それ故にこそ、いきいきとした深い印象を与えるのである。

すべてこれらのものは、蓄音機の騒音とはまったく関りがない。混沌とした一切の無形式――従ってまたあらゆる欧米風なもの（いんちきカフェ、ダンサー、モガ、モボ、ジャズ、プロシャ・アメリカ風の行進曲等々）ともすべて没交渉である。かかるものは、日本の伝統的な形式に対すれば、まったく無形式である。ここで『無形式』という言葉は相対的、批判的に解せられねばならない、つまり形式がまったく欠けているというのではなくて、その内容、即ち形式と生活全体との調和が欠如しているという意味である。欧米の文化は、まだ新らしすぎるとか或は若すぎるという理由だけで無形式なのだろうか、――私はそうでないと思う、この文化は、ヨーロッパの尺度で測れば、決して若くはない。ところが現代日本における外来文化は、木に竹を接いだように支離滅裂で、日本的なものとの融合はまったく不可能とさえ思われるくらいである。欧米の都市で、上に述べたような祭礼の外形だけがそのまま模倣されたとしたら、日本人は何と言うであろうか。そんなことは実に馬鹿げた滑稽事であるに違いない。日本文化は、これまでもヨーロッパの芸術に対して甚大な影響を及ぼしたし、また現在でも同様である。しかしヨーロッパでは――なかんずく有力な芸術家の間では――日本的なものがそっくりそのまま模倣されたのではない。むしろヨーロッパの芸術家達は、自己の進むべき方向を明確にするためにのみ日本の影響を利用したのである。日本のような遠隔の国土の文化が、ヨーロッパにこれほど大きな影響をあたえ得たという事実は、思えば不思議なことである。この秘密は、日本の芸術が、うち見たところ自足完了しているにも拘らず、直覚的なもの、無造作なもの或は即興的なものに対する強い愛好の念を裡《うち》に蔵している点にあると思う。そこで私は、単純と極めて豊富な変化とが独自の結合を遂げている神道に、その説明を求めようとしたのである。吉田兼好（一三五〇年歿）の『徒然草』に次のような段がある、『「すべて何も皆、事の調《ととの》ほりたるはあしきことなり。しのこしたるをさてうちおきたるは、おもしろく、生きのぶるわざなり。内裏《だいり》造らるるにもかならず作り果てぬところを残すことなり」とある人の申しはべりしなり。先賢のつくれる内外《ないげ》の文《ふみ》にも章段のかけたることのみぞ侍れ[*1]』。これを独訳したグンデルト博士は、兼好を評して『定った型というものに当てはめることのできない、しかし今日にいたるまで精神的な日本人ならば誰にでも見出されるようなタイプ』であると言っている。そこで『徒然草』のなかから、いま一段を引用してみよう、これはほとほとリヒテンベルクを彷彿させるものである。『その物につきてその物を費しそこなふもの数を知らずあり、身に虱《しらみ》あり、家に鼠あり、国に賊あり、小人に財《たから》あり、君子に仁義あり、僧に法あり[*2]』。現代の日本については、例えばこうも付言することができようか、――『画家に絵あり』。これが精神的日本人の型であるとすれば、神道もまた決して博物館行きの代物ではない。もちろん今日の神道は、非常に合理化されている、このことは外的な事柄についてすらそうである。例えば祇園祭で、『山』を担ぎ重い『鉾』を曳くことは、ただそれだけでこれに携る人の名誉であり浄福でもあったが、今日ではこの人達に賃金が支払われるようになった。それにも拘らず、祭礼のうちに生きている潑剌《はつらつ》とした生命は、今なお強い印象を与えるのである。同様に神話や伝説も、多かれ少かれ合理的に観察せられているが、しかしそれでも現代生活に豊富な内容を与えている。日本は断じて諸他の国々、例えば今日のロシアなどと同じ文化的問題に直面しているのではない。ロシアが、もうとっくに崩壊してしまった旧時代の文化や宗教の概念を合理的唯物論の立場から公然払拭したのは至当である。しかし民衆の想像力は所詮栄養を必要とする、そこでレーニンを神話や伝説で蔽い、彼を神格にすら高めたのである。この事情は、彼の後継者スターリンになるともっと甚しくなる、しかもそれが公然と、若《も》しくは暗黙のうちに承認されているのである。要するに抑えつけられた想像力は、唯物的な目的だけではどうしても満足することができないので、たとえ飢餓に苦まねばならないにしろ、尚かつ想像の自由は捌け口を求めてやまないのである。指導者たちとても、彼等の少年時代をお伽噺と共に過したに違いない。それだのに、必ずしも合理的でない一切の活動――従ってまず第一に芸術を維持する栄養が、かかる想像力に存することを忘れているのである。芸術の力は、まさにこの源泉から発生する、しかもこの泉は現代の日本において、今なお滾々《こんこん》と湧出しているのである。

この国土が、爾後数世紀に亘る政治的発展においていかなる運命を辿ろうとも、若しこの活潑な文化源泉を阻絶しようとするならば、それは極めて危険であり、また恐らくは実行し得ないであろう。

＊1徒然草、第八十二段。
＊2徒然草、第九十七段。

床の間とその裏側

現代の日本が直面している甚しい文化的葛藤は、ひとりこの国だけの問題ではなくて、実に世界のあらゆる国々に関係するのである。それは、これまで日本文化の創造したものが、諸国にとって最高の価値を有していたという理由によるばかりではない。日本という重要な文化国がその創造力を恢復しうるか、それとも永久にこれを失ってしまうかという問題の解決は、とりも直さず全世界に対する得失を意味するからである。

このような言い方は、やや悲愴に聞えるかも知れない。しかし今日のごとき重大な事態を表現するには、これほどまでに言わざるを得ないのである。幸いにして私は、日本に来てから今日にいたるまで、もっぱら日本人とばかり交際し生活し仕事してきた、また多くの友人をさえ日本人のうちに求めることができたのである。誰でも外国に滞在する場合には——つまりヨーロッパ人が日本に滞在するにせよ、或は日本人がヨーロッパやアメリカに滞在するにせよ、同国人とのみ交際するのは間違いである。このような交際には非常に不自然なところがある。外国に滞在する同国人というものは少数に限られているし、また滞留の目的もそれぞれ異るのであるから、自国にいる時と違って、自由に人を選んで知合いになったり親しい友人になったりすることができないからである。従って健全な交際が行われるどころか、止むを得ず仲間が作られるのであって、その国を実地に識ろうとする場合には、却ってそれが障碍《しょうがい》になるのである。実際これほど間違った話はない。たまには例外があるにしても、まずこれが通例である。それだから他所の国を訪れた外国人は、いわば山の輪郭を見ることはできるであろうが、奥深い峡谷になるともう霧に蔽われて判らない。またそこへ連れていってくれる案内者もないのである。

　日本の知己や友人達が、私をこのような奥深い谷間へも案内してくれたことは、心から感謝にたえない次第である。しかしこのことは、単に或る土地とか、名所とかいうような外面的なものだけを意味するのではない、種々な文化的連関、即ち生活や仕事に伴う辛

苦や喜というものまでも含めての話である。私は日本に来た当初、官庁や団体或は個人からうけた厚遇と助力とを非常に嬉しく感じた。しかし今では、あたかも家族の一員にでもなっているような一体の感情が感謝の念となって私の心を占めている。この感情は、千万言を費しても十分に表現できるものでない、それは私という存在の一部になりきって、いささかも疑をいれないからである。そこで私が本文を草するにいたった心持や希望が那辺にあるかも理解して頂けると思う。

さきに私が日本の文化的葛藤に重大な意味を付したことは、恐らく悲愴めいた響《ひびき》をもつであろう。また所詮は芸術の問題に帰するところの文化問題を真正面から取りあげるとしたら、読者はますます大袈裟な感じをうけるかも知れない。大多数の人達は、人生というものは、それよりも遥かに厳粛な面、例えば政治や社会問題などを含むのであって、これに比すれば文化や芸術の問題は極めて些末なものにすぎないと言うであろう。『多くの人々が文化や芸術のようなものに携わっているのはまことに不思議なことだ。この人達は、まず第一に衣食、財貨、権力等を必要とするところの現実的生活から遊離しているのであって、結局美的な遊戯に耽っている変人にすぎない。しかし実生活の必要物は、——彼等とてもこれが無ければ生活していけないのだが、——かかる遊戯的生活とは何の関わりもないのである』。

今日一般に拡まっているかかる考は、実にこの地球という遊星が病気にかかっていることを示す徴候であり、たまたま同じ疾病が人類にも現われたにすぎないのだ。私はここで、芸術及び文化の哲学的、美学的考察や、またこの両者が人類に対してもつところの意義などを論じることはできないし、またそうする積りもない。しかし哲学者達のすぐれた美学書を引用するまでもなく、次の一事だけは安んじて断言し得ると思う。理性的な人間であるならば、人類の芸術的活動とこれに関連する芸術愛好の心とを動かすべからざる事実としてこれにいささかも疑をさし挟まないであろう。このような精神的行為は確かに食事、金銭或は権力ほど必要でないかも知れない、しかし苟《いやしく》も人間である限り、少くともその一部の人々はかかる行為を営まずにいられないというのが、人間の真情であるように思われると。そうすると残された問題は、人類の活動において芸術はいかなる順位を要求し得るかということである。実際にも、芸術的創造に携わっている人々は極めて少数だからである。

世人はこの問題を極めて無造作に、数的な比率だけで解決しようとする。それだから、芸術にはささやかな片隅を与えて、あたかも子供に玩具を当てがうような取扱い方をするのが今日の実情である。どこの国でも同様であるが、例えば公的の招待に関する記事を読むと、まず官庁の代表者、政治家、学者、技術家及び工業家等の名前が現われて、最後に——芸術家が殿《しんが》りをつとめている。ラジオや新聞雑誌で芸術を問題にするのは、寧《むし》ろ当事者が自分の教養の深さを世間から認めてもらおうとする、いわば体裁をつくろうためのポーズにほかならない。

しかし東方アジアの古来の伝統は、これと全く異る見方を示している。近代日本が明治時代このかた、欧米からもっぱら物質的、技術的成果を取りいれるのに汲々としていた時にも、日本人の血のなかにはもっと偉大で宇宙的な、また真に人間らしい見方があったように思う。

ところで日本は、西洋文明と必然的に結合している考方や哲学的見解に対しては、或はこれを排斥し或はこれにかなり冷淡な態度を示して、いわば他所者《よそもの》扱いをした。しかし単なる技術的、実用的な事物を創るにしても、適切な思惟形式を俟《ま》って初めて可能であり、それにふさわしい精神的態度を欠くならば、生存し発展することはもとより、発展しつつ自己みずからの精神性を創造することもまた不可能である。日本こそ、見事な統一を有する古来の文化にもとづいて、技術的、実用的なものが美的、精神的なものと分離し得ないことをよく知っている筈である。それにも拘らず日本は、西欧から伝来した機械、鉄道、自動車、家屋、衣服に対しては、古来の歴史が折角このように教えてきたところのものを悉《ことごと》く忘却してしまったかの観がある。なかんずく、古典的日本をはぐくんだシナが、文学的及び芸術的栄養のみならず竹、米、茶、絹のような極めて実用的な贈物をも（そのほか無数の材料や技術はしばらく措くとしても）、——換言すればあらゆる生産の基礎をも与えたという明白な事実を忘れ去ったかのようである。日本が、シナから与えられた一切の贈物を同化摂取して自己みずからの形式に改鋳《かいちゅう》したことこそ、日本の成就した偉大な業績であり、また全世界が賞讃しておかない逞しい文化力の発揮にほかならなかった。しかもかかる偉業は、日本がシナの精神的な贈物、即ちシナの教養と芸術とをその細緻な点にいたるまで剰《あま》すところなく研究し同化したことによってのみ達成せられ得たのである。実際、今日でも日本の教養ある文化人にとっては、シナは依然として精神的古典の国である。

シナ！　シナは、実用的なものと精神的なものとの優劣について何を教えているだろうか。支配者の理想と見なされている黄帝《こうてい》は、至純な思想、単純及び寧静等の精神を人格化した伝説的人物である。荘子《そうじ》によると、彼は失なわれた明珠を探すために『聡明』（離婁《りる》）と『弁才』（契詬《かいこう》）とを相次いで遣わしたが、結局二人ともこれを求めることができなかった。ところが最後に赴いた『無意』（象罔《しょうもう》）は遂にこの珠を得たのである。これは、すぐれた『質』の基礎を道破したいみじき譬喩《ひゆ》である。実に芸術上の質も実用的なものの質も、すべてこの根源——即ち『無意』からのみ生ずるのである。

日本は既に古代でもシナと異り武器を尊重することが篤かった。シナでは武人を軽んじたが、日本は剣と剣を佩いている人とを神聖化し、これをもって古代の自然観及び世界観であったところの神道を保持した。日本がシナから輸入した文物を基礎として、この国に独自な文化を創造し得たのも、恐らくこれによるのであろう。要するに日本は武力と教養との綜合を創造したのである。世が降って横暴な将軍政治の時代になっても、主権者は精神的教養を実際に達得するか、或は少くともかかる教養を身につけている風を装わねばならなかった。つまり日本文化の母国シナを尊敬する義務は依然として存続していたのである。いずれにせよ日本は、シナから輸入した文物に変改を加えて自己のものとし、また時にはこれから全く新らしいものをすら創造したのである。私はこのような多数の事物のうちから、僅かにその一つを取り出して本文の主題としてみたい。それは若干の変遷過程を経て遂に純日本的な創造となったところのものであり、しかも極めて明確な性格を帯びて芸術と単なる有用との勝劣を如実に象徴しているところのもの——即ち床の間である。

床の間がなんであるかは、何人もこれをよく知っている。床の間は、多少の例外はあるにせよ、幾分でも立派な日本座敷には欠くことのできない『壁面を凹ました』装飾的個所である。教養のある人はここにだけ自分の好みに応じた、もしくはその折々にふさわしい掛物を吊し、その前には掛物につきづきしい活花とか、彫刻のついた香炉とか、或は彫刻そのものを置くのである。また三月や五月の節句にはここに人形を飾ったり、時には先祖を祀る祭壇を設けることもある。要するに床の間は、芸術とその連想とのために定められた場所である。床の間に置かれるものは極く少数に限られているけれども、その部屋に意のままの雰囲気を与え、またこの部屋が能う限り純粋な釣合を保ち、美すらも不偏にして過多ならざることを要求する。部屋は床の間の放射する多種多様な趣に堪えねばならないからである。部屋には、床の間のほかには何ひとつ美術品を置いてはならない。つまり床の間は、諸芸術の限界と意識とを最も明白に規定するのである。例えば建築は、その抽象的な釣合の関係が最も純粋であり、かつできるだけ中正であるときに最も美しい、彫塑と絵画とは（詩もまたそうである、掛物はその一部或は全体が書から成っている場合もある）、その作品が、住む人の精神生活ないし感情生活に対する緊密な関係をできるだけ適切に表現するときに最も美しいのである。即ち建築の意義は、抽象的な不偏中正にあり、絵画及び彫塑はもとより装飾の意義も、精神的なものを能う限り端的に表現するにある。

美術品を置く場所として床の間ほど明確な形式を創造することは、全世界の芸術的創造のこれまで遂に能くし得なかったところである。教会や住宅の祭壇或は神龕《しんがん》などを引合いに出す人があるかも知れない。しかし床の間は宗教とは無関係であり、まったく文化的要求の集注する場所にほかならないという決定的な点において、これらのものと本質的に異っている。そこで床の間を目安として制作する芸術家は、自己の作品の用途を予め承知しているわけである。従って床の間は、芸術そのものの様式や技法に強い影響を与えている。実に床の間は、全世界のいかなる国においても未だ曾つて達成せられなかった創造を意味する、それだからこそ国際的な模範でなければならないのである。

かかる特性を具有する床の間が、文化と有用性との勝劣を象徴的な力をもって闡明《せんめい》していることは毫《ごう》も怪むにたりない。床の間が、他の部屋と表裏相接している仕方こそ、事実上の勝劣を明かに示すものである。どこの家でも、床の間の背後にどんな部屋があるかは、まったく問題にされていない。家の向きや大きさに従って、床の間の裏側が書斎や廊下であるにせよ、或は便所の如きものであるにせよ、一向差支えないのである。普通の家屋よりも小さい高雅な茶室では、小便所を付した厠《かわや》が床の間の裏側になっていることもある。

壁一重を隔ててこれ以上著しい対立はありえない！　まったく類を異にする両つの世界である。

日本家屋がこの明白な事実をもって創造した象徴に、これ以上説明を加える必要はない。しかし私はこの象徴をもって、有用なもの、実際生活に必要なものをいささかでも軽視するつもりはない。要は、日本古来の偉大な文化が、一方において文化及び芸術上の事物に、また他方では単に有用であるにすぎない技術に対して、それぞれ与えたところの勝劣の階次を示すにある。

全世界にはびこっている近代的な考方からすれば、次のような疑問が抬頭するであろう、――いったいかかる区別を今さら明確にする必要があるのだろうか。実用的、技術的なものがまず生活の全領域を支配し、文化や芸術などはあとからここへ現われるのではあるまいかと。

しかしこれに対してはまた次のような反問を提起することもできる、――いったい世界が創造せられた時に、文化的及び芸術的本能が人間に賦与されたのはなんのためであろうか、床の間とその裏側との対立は、普遍的な意味をもつものではなかろうか。

端的に言えば、床の間の裏側が便所であろうとなんであろうと、もし端正な品位を具えた床の間というものが消滅したと仮定したら、この裏側は直下に汚穢《おあい》醜悪なものになって了《しま》うであろう。人生のあらゆる事象は、その最上級のものにいたるまで、また人間相互の関係は一切の政治的現象をも含めて、一定の形を帯びる時にのみ初めてその効果を発揮しうるのである。いかなるものも形を得ることによってのみ、具体的なもの、現実的なもの従ってまた効果あるものになるからである。芸術の任務は、周知の如くもっぱら形を創造するところにある。心ある人ならば、たとえ職業としては芸術の圏外に生活していても、自己の営みが形の創造なくしては無意味であり、芸術が滅却せられれば彼の仕事もまた死滅せざるを得ないことを認めねばならぬであろう。

かかる自明の事柄までもここで縷々《るる》述べねばならぬということは、まことに奇異であり、また情なくもある。しかし精神そのものと精神状態とが疾病に冒された場合に、これを治癒する最初の処置は、事態を摘発して病患を明らさまにするにある。もとより患者は、事柄の真相を正視してこれを素直に承認することをできるだけ避けようとするであろう。そこで歴史などを楯にとって自己弁護を試みたりするのであるが、当の史籍そのものが一般に近代の所産であるから、結局患者の論議を支持することになるのは当然である。とにかく現代の世界的諸国家が、いずれも単なる武力ないし技術――換言すれば床の間の裏側を基礎として成立していることは、なんとしても否定できない事実である。しかしこれらの世界的国家を仔細に点検するならば、一切の文化的国家において最後の決定を与えるものが、武力ではなくて文化力であることは分明である。この意味において勝者はしばしば敗者となる、これを最も明白に実証するものは古代のローマ帝国である。この大帝国は、実に眇《びょう》たるアテネの文化に屈伏せざるを得なかった。これに類することは、芸術史の随処に呈示するところである。往時の健全な常識は、かかる事実を正しく認めていた。昔の講和条約には戦勝国が戦敗国のすぐれた芸術家を招聘してこれに大建築物の建造を依嘱し、その功績に対して数々の名誉を与えるばかりでなく、落成した大寺院に担当芸術家の名を付するというような条款（これはインドシナの歴史にある）すら見出されるのである。しかし、これに類似の事柄は全世界に行われていたのであって、最近でも数世紀前までは、芸術は政治的権力圏外にあって格別に尊重せられていた。ヨーロッパでは、偉大な芸術家が政治的敵対関係に係わりなく一国から他国へ招聘せられた。基督教の大聖堂建築家は、仕事場や工人達を伴ってどこへでも遍歴の生活を営み、また当時としては未曾有《みぞう》の大旅行を試みることさえ稀でなかった。偉大な芸術家が、政治的及び宗教的な戦争や迫害のために、悲惨な運命に遭ったためしも確かに数多くある。しかし我々に必要なことは例外的な場合ではなくて、芸術は単なる強力や技術或は実用のための行動によって決定せられる如き一切の事柄の彼岸にあるという不変の法則である。従って芸術は、近代的な表現を用いれば、国民を超越していた。そして国民の指導者達の偉大な特性は、この優位の順位を理論的に認識していたばかりでなく、彼等の行動の規準としたところにあった。

謙遜は芸術にとって自明の前提である。人間の事業にして、毫末の疑惑をさし挟む余地のないようなものは一つもない。何人といえども、その短き生涯を終えんとして、自己の一生がいかにささやかな価値を有するにすぎなかったかを覚知せざるはないであろう。たとえ世俗的に偉大な人物が、周囲の阿諛《あゆ》者に追従せられてみたところで、彼自身は自己並《ならび》に自己の事業に対して懐疑的にならざるを得まい。彼の事業の価値は、芸術家の場合とまったく同様に、彼が真に謙遜であるか否かにかかっている。いかなる才能も限界を有せざるはない。永遠の成果を達得するの道は、各人が自己の分を弁えて玩物喪志の愚を避けるにある。

それだから、いかなる時代にも戦勝国民や権力者の芸術は、彼等が自国の文化的もしくは芸術的弱点を自覚し、また戦勝者たると戦敗者たるとを問わず、芸術をしてかかる外的事情に関わらしめなかったときにのみ、よく発展し得たのである。

床の間とその裏側！

いかもの と いんちき

世界諸国の言語のうちで、ここに掲げた二つの日本語の概念内容を、それぞれ一語で的確に言い表わすような言葉は、ドイツ語にだけ見出し得ると思う。

いかものに相当するドイツ語は『キッチュ Kitsch』であり、この日本語とまったく同じ意味内容をもっている。即ち芸術たることを欲しながら、遂に芸術たり得ないような『芸術』を意味する。何故だろうか。それは芸術的意図が、本質的でないもの——例えば特殊な感動とか情熱とかによって擾《みだ》されるからである。英語でこれを“sweet-art, trash”或は“spurious”などという語で訳そうとしても、この日本語の含蓄ある意味を完全に表現することはやはりむつかしい。フランス語やロシア語についてもまったく同様である。

いんちきという言葉には、ドイツ語の『ティンネフ Tinneff』という語がぴったり一致する、つまり一種の詐欺であり、安っぽい間に合せもので本物と同じ効果を挙げようとするごまかしである。それだからいんちきという言葉はいかもののように芸術にだけ関係するのではなくて、日常生活におけるいろいろなごまかしについても用いられる。しかし両語とも非常に厳格な調子をもっているわけではなく、やや皮肉でかつユーモラスな批判を含んでいる。

日本でいかものという言葉を口にすると人が笑う、しかしいんちきと言えば尚さら笑うのである。

とにかく両語とも、いきいきとした内容をもって民衆のうちに通用しているから、香《かんば》しからぬ芸術や身の入っていない仕事についてのくだくだしい論議をこれによって省くことができるわけである。

ところでいかものという言葉の含む特別な意味は何かというと、これを積極的に定義することは困難であり、この点はすぐれた芸術という概念とまったく同様である、つまりいかものは、すぐれた芸術の反対或はマイナスの側にあるもの、と言うことができよう。第一次大戦前にドイツで『いかもの Kitsch』という標題を附した書物が出版された。この著者は、あり来たりの甘たるい、誇張された或は感傷的な芸術ばかりでなく、大芸術家、例えば——私の記憶するかぎりでは、——ミケランジェロの作品さえいかものの実例として挙げていた。このことは多くの日本人が、一般には非常に高く評価されている芸術品をも、無造作にいかものであると極めつけるのとよく似ている。それだから日光廟の建築などはいかものの最も甚しいものと見做《みな》されているのである。しかしこの評価は実際にも正しい。たとえ日光の社廟に、見事な工芸的作品が数多く附属しているにせよ、建築的観点からどの程度まで日本的趣味、即ち『味』があるか、また控え目な落着いた厳しさ、つまり『渋さ』をもっているかという段になると、これは確かにいかものに違いない。

日光の建築はこれによって或ることを意図した――換言すれば世人に甚深な尊敬と熱烈な讃美とを強要したのである。

このように昔は『いかもの』をも作った、ところが今日ではいかものの普及が現代に通有の疾患になっているように思われる。『芸術』をもって、本来芸術に関わりのないような効果を挙げようとする意図が――ごく少数の例外は別として、――世界の芸術的活動をあまねく支配しているのである。このことは、芸術家が世間的な名聞をもとめ、また世人の耳目を聳動《しょうどう》するためには際どい手段をも用いることを辞さないというところに、その本質的な原因がある。建築、絵画、彫刻等に見られる勿体ぶったポーズ、感傷的な態度やロマンチシズム――これらはすべて大衆に阿《おもね》る芸術家の常套手段である。展覧会では巨大な絵が最も人目を惹く、そこで日本画家は、本来なら浮世絵の方向をとるべき伝統的画題をも、尨大《ぼうだい》な画面にこてこてと描くものだから、結局おそろしく甘いシロップにしてしまうのである。

このようないわば誇大妄想狂のために、正しい標準が失われてしまうのである。つまり芸術的ならぬ要素が、芸術のなかに入ってきて、釣合に対する感情を滅却するのである。国家が、高大な建築物によってその強大な威権を表現しようとするのは、当然の要求とも考えられる。しかし国家は、これによって建築美とは異るものを要求することになるのである（東京の国会議事堂を見よ）。このことを象徴するような一つ話しがある、私の友人がコペンハーゲンで、デンマーク独特の繊細な感情を表現しているすぐれた現代建築を賞讃して、建築批評家のハンセンに向ってこう言った、『これこそ真の国民的建築だ』。するとハンセンは『すぐれた建築はすべて国民的だ』、――と答えたが、やがてまた『国民的建築というものはすべて劣悪だ』、とつけ加えた。

この最後の言葉を実証するような例は、遺憾ながら現代の日本にも数多く存する。周囲の明媚な風光を破壊している琵琶湖ホテルはその一例である。屋根に九輪《くりん》を附した奈良停車場も、日本の古文化の中心地を汚辱するものでしかない。京都附近の醍醐寺境内に建てられた醍醐宝聚院《ほうじゅいん》もまたその例にもれない、ここでは木理までがコンクリートで模造してある。その他これに類するものはいくらでも挙げることができる。

このようなものは世界各国に見られる現象であり、また恐らく日本人は、最もすぐれた日本建築の極致を味得した外国人ほどこれを苦にしていないのかもしれない。日本精神の最高の建築的創造が伊勢神宮と京都の桂離宮とであることは、まったく疑いをさし挟む余地のない事実である。日本はこの両者において、国際的意義をもつ卓抜な建築を創造した。つまりこれらの建築は、すぐれているが故にのみ、日本において最も国民的な建築となり得たのである。

ところで日本の現代建築はどうであろうか。この点に関して日本は、建築家たちの真摯な努力にも拘らず、本当の仕事をこれから始めなければならないのではあるまいか。これは、帝展の日本画を見たあとで洋画を見るのとよく似ている。もしこの展覧会場にファン・ゴッホ、セザンヌ、アンリ・ルソー、マチス、ピカソ、ドランなどの絵をかけたとしたら、これを観る人は『これこそ日本的だ!』と言うであろう。偉大な芸術は、どこの国にあっても観る人の心を惹かずにいないからである。

建築にせよ工芸或は絵画にせよ、凡そ一切の芸術的な仕事について、西欧の表現手段や技術を用いるかぎりでは、日本はまだ外的な模倣の域を脱していない。

日本人はこれらの芸術において、自分達がこれこそ『現代的』——換言すれば本物のヨーロッパ的或はアメリカ的であると考え得るような効果だけを挙げれば、それで満足しているようである。これではまるで競走をするようなものだ。しかし技術や競技ならいざ知らず、芸術にはこのようなものは決して存在しないのである。否、競技においてすら、競走だけが能ではない。日本は、オスロの国際スキー大会で石原君が僅かに第四位を獲得したにも拘らず、彼のとりわけ立派な走法は、満場の絶賛を浴びたことを誇ってよいと思う。

日本の『西洋』料理は、この間の消息を極めてよく物語っている。私はこの国で、しばしば、『西洋』料理の正餐なるものに招かれたが、実をいうと礼儀上やむをえず頂戴したのである。材料はすばらしい、ところが調理となると料理の意味、或は料理の法則というものがまったく理解されていないのである。日本ではどこでも、食事前のすき腹にビールを飲む、これでは日本人でも西洋人でも胃袋がたまったものでない。日本人がこういう正餐を食べて、西洋料理というものはまずいものだと考えるのは当然である。我々自身も決して旨いと思わないからである。要するにこのようなものは、すべて『ハイカラ』なのである。

　これこそ本当にいんちきというものだ、本物である『かのように』見せかけるからである。料理は、見たところまるで西洋そっくりだと言える。だが日本の油絵や現代建築も同断ではないか、――パリやロスアンジェルスへもっていっても、これなら立派なものだと思っているからである。

　どなたか日本の気候図を手にとって、これをアメリカなりヨーロッパ諸国なりと比較して戴きたい。気候の問題を建築に関係させて徹底的に究明するならば、日本の大学、諸学校、事務所或は住宅等は、欧米諸国とはまったく異るものでなければならない、という結論に達せざるを得ないであろう。要するに日本の建築家は、真に現代建築の観念に徹することによってのみ、現在とはまったく異った解決に到達するであろうし、またすぐれた建築――従って真に国民的な建築をも、容易に創造し得るであろう。

　日本の現代建築が滔々《とうとう》としていんちきを事としているなかにあって、敢えてこれに雷同しない建築家は、殆んど五指を屈するに足りないと思う。

明治時代の初期には、外来の文物を盲目的に模倣する人々を嘲って、ハイカラと呼んだものである。いんちきという言葉は、今日では必ずしもこのような模倣にのみ限られているのではない。しかし、日本が西洋から受けいれた文物は、少数の例外を除けば他はすべていんちきだと言い得る。

現代の日本では、ひどく侮辱的でない嘲罵を含んだこのような言葉を、もっと盛んに使用する方がよいのかも知れない。これは、間ののびた討論などよりずっと役に立つと思う。嘲罵は最も鋭利な武器であるし、またしばしば良薬でもある。さきごろ日本の或る大雑誌は『日本は世界から何を期待するか』という問に対して『日本は尊敬を期待する』と答えているが、しかし日本が欧米から真に尊敬されるためには、日本の自己批判こそ最も必要である。試みに、次のような場面を想像してみるがよい。ヨーロッパ人なりアメリカ人なりが、キモノを着て腰に大小の刀を佩き、顔容を粧い、頭には丁髷《ちょんまげ》を頂いて前髪を剃り上げ、さて自分こそ真のサムライであると称して、ベルリンやロンドン或はニューヨークを堂々と闊歩する。このサムライは、彼等を見て笑う日本人を怒鳴りつける、また彼地の大雑誌は『我々を尊敬せよ！』という巻頭論文を掲げるとしたらどうであろう。日本人がこの有様を見たら、『これはいんちきどころか紛れもないいかものだ』と言うであろう。そしていかものは人間の心理を表示する敏感なバロメーターであるから、日本人はこの笑うべきヨーロッパ人或はアメリカ人の心理状態をすっかり見抜いてしまうであろう。

実際いかものは、多少でも人間の心理を看破する能力をもつ人にとってはこよない計器である。料理屋か旅館に入ってそこのいかものの程度を見れば、かなり正確にサーヴィスの良否を推量することができる。これは世界を通じて同様であるが、しかし日本はこの点で特に正直である。

本文を読まれた日本の方たちは、私の無礼な言葉に忿懣《ふんまん》を感じられるかもしれない。だがいんちきとかいかものとかいう言葉の意味は、まだ民衆の間に生きているのであるから、結局は笑って済まされるであろう。いずれにせよ私は、この国で自分の率直な批判を述べることこそ、真の友情であると考えている。それは私がドイツで、日本の友人から同様の批判を期待するのと同じことである。これに反して、もし日本を去ってからあとで、日本に関するこのような批判を書いたり口にしたりするとしたら、それこそ敵意ある行為というべきであろう。

げてもの　か　ハイカラか

若いころ建築家として初めて実務に携わったとき、私はたまたま二つの依頼を殆んど同時に引きうけた、ところがこの依頼は相反する性質のもの——即ち一は手工による仕事であり、他は機械を用いる作業であった。一九〇七年に、私はヴュルテンベルクのミッテル・ゲビルゲ山中にあるウンテルリクシンゲン村の非常に古い教会堂を修復する依頼をうけた。祭壇や腰掛、側廊二階、天井、説教壇の一部などの破損した個所を修理する仕事である。これらの部分は一七八〇年代の作品であり、ルネサンス様式を模倣した恐ろしく平板無味な、いわゆるドイツのはいからであった。そのとき私が新たに求めた品物は、言うまでもなく手工的な性質のものであった。幸いこの地方はまだ手工の盛んな土地であり、特に彫り物や面どり、燭台、鍛冶細工や、なかんずく塗工事、彩色等の手工に長けていた。私は当時、友人の画家ムッツェルベッヘルと一緒に、この教会堂でありとある仕事をした。時には自分で彩色したこともあるし、また特に手工の監督は最も厳格に行った。このゴシック建築は、ほぼ第十四ないし第十五世紀のもので、非常に素朴な様式であったから、近代的な機械臭の染著することを努めて避けねばならなかったのである。

ところで私がまだこの教会堂の修復に従事していた一九〇八年に、ルール地方の重工業地帯の中心地にあるハルクオルト圧延工場のタービン室を建築する依頼をうけた。ルール河は工場の中を貫流し、建物はあたかも橋梁のように河に跨《また》がっていた。水力は、当時としては非常に強力な五台のタービンを運転して発電の要に供していた。言うまでもなくここでは、ウンテルリクシンゲンの教会でしているような作業方法はまったく問題でなかった。タービン室の外観も内部も、機械的な性質に適応せねばならないし、またその釣合も当然かかる事情に即する必要があった。

つまり私は、既にこの時代から手工的な仕事と機械による作業とを、自分自身のうちで調和させねばならなかったが、その後にもやはりこのように相反する性質の依頼をうけて、両者の調和を必要としたことが度々あった。しかし私は、かかる対立を決して『対立』と感じたことがなかった、寧ろ幸運がかくも種類を異にした依頼をもたらしてくれたのを、非常に清新な気持で受取ったのである。機械による作業かさもなければ手工、というような厳密に二者択一的な性格を帯びていない仕事、例えば学校や住宅或はジードルング等の建築では、この変化は却って私の気持を軽快活潑にした。私はかかる仕事に従事したために、絶対的な規範を与えねば止まぬような唯一の原理を承認し得なかったことを、寧ろ私の運命に感謝している。世界大戦後、建築家やその他の芸術家達の間に、一面的な原理を無闇《むやみ》に主張する風潮が旺《さか》んであったときに、私は多くの友人達から甚だ旗幟《きし》鮮明を欠く正統派と見做されていたらしい。私は、芸術を支配する唯一の原理なるものに、どうしても承服することができなかったのである。

私のかかる個人的体験は、芸術の現状を如実に反映していはしないかと思う。私は、芸術に対する唯一無二の原理なるものを、手工と民芸かそれとも機械工芸と現代主義かという対立のいずれか片方にのみ認めようとするのは、極めて非芸術的であると思っている。そのようなことをすれば、芸術はいかものにならざるを得ない、即ち民芸（げてもの）がいかものに、また度し難い現代主義がハイカラになり遂にいんちきに堕するのは必至であろう。

まずげてものについて言えば、私は柳宗悦氏及び同氏をめぐる一団の人達が、地方の工房や農民或は漁師の間に残っている在来のすぐれた技術と形とを保存蒐集《しゅうしゅう》し、また一般に普及して諸人の関心を喚起すると同時に、かかる民芸の生命を能う限り維持しようとせられる努力に対しては、甚深の敬意を表するものである。これはまことに結構なことであり、私自身も民芸展を観賞し、またこれから刺戟をうけたことに対しては柳氏に負うところが多大であると言ってもよい。柳氏をめぐる芸術家達の作品、例えば浜田（庄司）、河井（寛次郎）、バーナード・リーチ、富本（憲吉）諸氏の陶器は、実に繊細な芸術的感覚を示している。なかんずく富本氏は、既にげてものの域を脱しているが、これは氏の芸術的な『質』にとって有利なことではあるまいか。

　しかし、いずれにせよこのような傾向には、大きな危険が潜んでいる。つまり——リーチ氏などが絶えず強調しているにも拘わらず——げてものの本質が手工の巧緻にあることを忘れて、寧ろ細工の粗野な点やそれどころか農民或は漁師の無骨な手が作品の上に遺しているがさつな趣に愛着をもっているということである。確かにかかる作品は、大きな魅力をもっている、しかしそれは素朴な農民の手によって、なんの底意もなくいわば天真自然に作られたときにのみ、真に独創的な、従ってまた適正な質をもち得るのである。これに反して、鋭い芸術的感覚と豊かな教養とを具えた芸術家が、ここに様式の根柢を求めようとするならば、結局外形に拘著し感傷的な浪曼主義者にならざるを得ない。都会人の食卓の上に見られる厚ぼったい紅茶茶碗や珈琲茶碗は、所詮矛盾した存在である。また実際にも珈琲や紅茶は、薄手の陶器茶碗から飲んでこそ——たとえこの陶器が安物でありいかものですらあるにせよ、——初めて正しく賞味せられ得るのである。

　ところで芸術家が、このような厚手のぎこちない茶碗を作るとなると、よしんばそれ自体としてはすぐれた質をもつにせよ、傾向としてはもうひどいいかものになるのである。

　どうかここで私の率直な所見を述べさせて戴きたい、——もしかかる芸術家が製陶の原理を一般化して、これを家具調度或は建築にまで及ぼすならば、この人達はもうまったくいかもの三昧《ざんまい》に耽《ふけ》っているのである。そうなると現代の生活と旧い作品とは、遂に融和せられ得ぬ対立に陥るであろう。現代人の生活は、例えばことさらに無骨な農家風を取入れて正真正銘のいかもの家具などを並べた室《へや》とか、或は農家や農家の門などを田舎から都会に移したような家では、かかる建築が元来具有している独自の性質と到るところで撞着せざるを得ない。古い農家を山中からどこかに移築し、そこに住んで悦に入るという好尚は、芸術家やまたこれを見習う金持連の奇妙な気紛れにほかならない。私の知る限りでは、このような移築は大方失敗している、浴室とか広い窓のような現代的要求が、古い家の本来美しい形を無惨にも打毀《うちこわ》しているからである。現に私は、昨夏伊豆の上多賀でかかる実例を見た。藁《わら》屋根を葺きかえるためにわざわざ農民を山の中から連れてきたにも拘わらず、屋根はもう正しく葺かれていない。傾斜した二つの屋根面が合する谷を藁で凹形に葺く代りに、その部分の藁を截り落して下にブリキ板を当てがっている。しかしブリキは数年たてば錆びついて、そこに集った湿気が下から藁を腐らせるから、美しい屋根は普通ならば二十五年ないし三十年ももつのに、錆と湿気とでじきに腐りだすのである。また柱の建方や梁の組方にも、技術的に見てひどい欠陥がいくらも目についた、これではもとの家屋が具えていた安定性などは、もうまったく問題にならないのである。

それだから、もし建築主があとでひどい損害を蒙りたくなければ、このような時にこそしっかりした素養のある建築家の厳密な監督が必要なのである。しかし日本では、建築家に全責任を負わせて、その代りに相当の——つまり適正な報酬を支払うという習慣がまだまったく確立していない、寧ろ建築主は、自分の不明に対してあとから一層大きな損失を招くことを好んでいるとしか思われない。それにまた日本では、しっかりした建築家もなかなか見当らないのである。

感傷的な、従ってまた反動的な観点に立つげてもの傾向は、これを愛好する人達が欲すると否とを問わず、ハイカラにならざるを得ない。ハイカラとは何であるか、――誤解せられた模倣である。つまりこの場合には、古いものが誤解されたままに模倣せられているのである。

ところで本来のハイカラそのものを問題にしてみよう。すると現代の日本は――極めて少数の例外は別として、――まさにはいからだと言える（ここでは一切の文化的現象、例えば芸術、食事、服装及びその他文化に関係ある悉皆《しっかい》の事象を問題にしているのである）。げてもの風の古い作品の場合と同じように、何事につけても皮相だけが模倣せられて、西洋から輸入された文物の真意義は毫も理解せられていないと言ってよい。例えば美術展覧会に所狭く陳列してあるばかりでなく、現にこの雑誌『アトリエ』にも満載してある油絵、ぞっとするほど嫌らしい彫塑や記念碑風の彫刻もまさにその類いである。展覧会場でたまたま日本の伝統を承けついでいる小さな彫塑を見ると、実際ほっとする。そのほか大方の『西洋』料理店や県庁などの公式な宴会に出される食事、ビールや洋酒の間違った用い方、パリやブタペスト或はニューヨークなどのひどいいかものを手本にした現代の工芸、フランスやアメリカの家屋そっくりで、西洋とはまったく異った日本の風土を毫も顧慮していない現代的住宅――このようなものはすべてはいいからである。しかもこれが世界の強国であることを誇りとしている日本の現代『文化』なのだ。だがかかる事物には、もはや文化の面影すら存しない。日本人を純然たる模倣的国民にしたのは、日本自身なのである。しかし日本がひとたび無文化の状態に陥るならば、その萎靡《いび》沈滞を克服するには恐らく数世紀を要するであろう。

だが私は、日本文化再建の可能を信じ、この国が再び創造的文化の国に成るであろうという期待を棄てない、それだからこそここの問題を取上げて、ここに一文を草した次第である。私は、日本で優秀な若干の人々やまたすぐれた芸術家及び建築家などと相識るに及んで、このことをますます確《かた》く信ずるようになった。この人達の剴切《がいせつ》な識見には、かかる可能性を実現すべき萌芽が蔵せられているのである。

何事によらず最も重要なことについては、多くを語り得ないのが通例である。また最高の質を有する芸術については、まったく語言の道が断たれている。

しかし、唯一の原理を普遍妥当的な信条としているような文化活動が、その根本的傾向において誤っているということだけは明言し得る。この方向を辿るとき、げてものはいかものとなり、また現代主義はいんちきになる。

日本は工芸の領域において、在来の極めて繊巧な技術、即ち古い歴史を誇るすぐれた工房に保存せられている技術を、現代的な目的のために活用すべきである。更に日本は、かつてシナに対して為した如く、泰西芸術の形をその伝統と意義とに即して深く研究する必要がある。しかし日本は、絵画においても彫刻においても、飽くまで自己みずからの伝統を基礎とせねばならない。そうすればこの国は、輓近《ばんきん》では日本のセザンヌともいうべき偉大な富岡鉄斎が達得し、また旧くは浦上玉堂《うらがみぎょくどう》が先鞭をつけたような芸術の自由を実現し得るであろう。

日本は建築においても、一切のものを自国の具有する独自の条件から発展せしめねばならぬ。旧いものであると西洋の新らしいものであるとを問わず、なにひとつ単なる模倣であってはならない。

芭蕉は『奥の細道』で、『古人の跡を求めず古人の求めたるところを求めよ』と記している。

この言葉は、西洋の新らしい芸術家達についても、彼等の作品が尊敬を博している限り、そのまま当嵌《あてはま》るのである。

日本の自然

日本の四季

春

洗心亭の傍らに巨松を戴く小丘は、この松に交わる桜の古木が大きな梢や枝々におもおもとつけたほの紅い蕾《つぼみ》に埋れている。その長々と伸びた枝はこの家の屋上にも拡がり、もうふっくらと半ば綻びかけた淡紅《とき》色の大きな蕾はまるで総《ふさ》のようである。

向いの松林にまじる桜樹はすでに満開の花の雪を戴き、この丘の桜は地上のものならぬ絢爛《けんらん》の美をまさにくり展げようとしている、その淡紅色は、日本人が桜のうちでも最も珍重している花の色である。桜花は遠山の淡青色と相映じて、この上もなく繊巧な諧和を創り出している。

私達は田舎住いをしているので、桜花に対する日本人の感激をよく知ることができた。いずれにせよ大都会よりはよい、都会でも華麗な桜花は観る人を陶酔させずにおかないが、しかし結局自然は酒やビールほどには酔わせないものである、ビールはヨーロッパ人――なかんずくドイツの学生の祝福であるが、日本でも若い人達にもっぱら愛飲せられる。『青春は酒なき酩酊なり』というヨーロッパの諺は、日本では通用しそうもない。自然美に関するかぎり、十一月の燃えるような紅葉も、日本ではむしろ中老ないし老境の人に似つかわしい。

この達磨《だるま》寺はインドの達磨大士がシナに渡って九年間座禅したといわれる伝説の地に因んで少林山と号するのであるが、ここへは講中の人達が近傍の村や町ばかりでなく東京からもやってくる。老若男女の群は色とりどりの旗をもち、大人は字の書いてある襷《たすき》をかけている。この人達は本堂の鰐口《わにぐち》を鳴らして柏手を打ち、木の賽銭箱のなかへ銅貨を投げこんで丁寧にお辞儀をし、口々にお祈りの言葉を唱え、それから寺の講堂で弁当をつかい酒を飲むのである。

私達夫妻が、日本の諸方を巡遊してこの国ぶりを知るために、東京の帝国ホテルに宿泊しないで片田舎の平安な地を足溜りに選んだのは、それだけでも奇妙なことである。しかしこれは奇妙なばかりでなく、世人の同情をも買ったらしい。私達はあるとき、洗心亭の大きな方の室《へや》のすぐ前にある小さい桜の樹に、可憐な細長い短冊がひらひらと風に舞っているのを見つけた。それは例の団体旅行に加わった一人の若い教師が下げていったものである。儘田氏はそれを私達に訳してみせ、酒興に乗じて認《したた》めた桜花を讃美する歌であると説明してくれた。日本で酒を讃美した詩歌の数は、ヨーロッパで葡萄酒を讃える詩の数に劣らない。実に酒はそのまま芸術なのである。

私達も折々このような宴飲に招かれた。やがて、多人数の食事が寺の広間で行われるときの簡単で美しい作法にも慣れてきた。食事時になると、すっかり調理してある料理を一通り並べた小さな膳が銘々の前に運ばれる。この膳には小さな脚がついているから、その上にいま一つ或はそれ以上の膳を重ねて非常に合理的に持運べるのである。このような機会には、実に多くのことを観察できるものだ。しかしまず第一にうけた印象は、こだわりのない寛いだ気持である、しかも大人ばかりでなく子供までもこの親しい雰囲気にすっかりなじんでいる。子供達も大人に厄介をかけなければ、大人も子供達にいやな思いをさせない。またほんの一語か二語——それも極めて稀ではあるが、——英語が話されたりすると、私達は日本人の考方や風俗にますます親しみを覚えた。ましてこの人達は初めから私達に非常な好意を示し、頼まなくても私達の知らないことをいろいろ説明してくれ、また土地の唄などを歌って聞かせもした。このような席では、私達もしばしば日本風の『乾杯』をしなければならなかった。そのときにはまず自分の盃を盃洗の水で洗い、それからお互の盃を交換しあうのである。

私達は儘田氏を介しなければ、住職の広瀬さんと一語も取交すことができなかったにも拘らず、この新らしい環境の中にやすやすと入っていけたのは、まったく同師のお蔭である。伝統的な生活を営んでいる住職一家の日々の家政は、最初どうしても判らなかった多くの点を明らかにしてくれた。私達は寺の方丈の中庭に面した室で毎日、日本風の昼食をしたためたが、やがて昼には洋食よりも淡泊な日本食を好むようになった。食膳にのせられる料理には、まず茸、魚、貝或は野菜等の入った味噌汁がある、これは朝昼晩とも津々浦々の日本人が愛好するところのものである。味噌汁のないときには魚の入った清汁《すまし》がでる。それから焼魚か或は醬油（これは英国のウルスターソースに似ていないこともない）で煮付けた魚、胡瓜や大根の糠味噌漬にやはり醬油をかけた香の物と御飯とが出て、最後に緑茶か焙じ茶を飲む。これは――ほんの僅かの例外を除いて、――たいてい寺の大きな台所で調理されるのである。

しかし私達は、朝食と夕食とにはさすがに今までの習慣を捨てることができなかった。コーヒーか紅茶のついた簡単な朝食を小さな方の部屋の囲炉裏で調えることは大した手間でなかった。女中さんはこうしたことを驚くほど早く覚えこんだ、それに東京からもいろいろ必要な品を送ってもらった。ところが夕食を調理するには、妻の発明の力といえども多くの試練に出会わねばならなかった。

この家の台所には竈《かまど》というものがない、その代り煉炭火鉢と七輪とが一つずつあった。煉炭火鉢は日本で普通に見かける瀬戸の火鉢のような形をしているが、そのなかには灰のかわりに素焼の円筒が入っていて、底の方にいくつも空気孔を穿《うが》った火皿がはめてある。

この皿のなかに真赤に熾《お》きた炭の塊をならべ、別に円壔《えんとう》形の煉炭をつめたいま一つの素焼の入れ子をその上に置くと、火は下から徐々に煉炭を熱する、そしていったん火のついた煉炭は十五時間くらい燃えつづけるのである。煉炭には垂直の方向に若干の通気孔があけてある。また火の強さを加減するには、火鉢の外側についている空気調節孔の蓋を適当にあけたてすればよい。妻は、一様な熱を必要とする調理には、瓦斯《ガス》よりも煉炭の方が遥かにすぐれていることを知った。そのうえ煉炭は、最初の間ほんの一寸《ちょっと》臭いがするだけで、あとは殆んど瓦斯臭がない、しかも値段は一個わずかに五銭である。尤《もっと》も大きさによって値段の違うのは言うまでもない。また冬の寒い時期だけ、もっと大きな煉炭を鉄製の小型ストーブに入れて燃すことがある。その時にはブリキ製の煙突を壁に穿った孔から戸外へ導き出して瓦斯を放出するのである。しかしそうなると日本家屋の本来の生活はもう失われ始める、——日本の家屋では、元来室内の温度というものは大して問題でないからである。

妻は料理するためにも、日増しに暖くなる春の到来をひどく悦んだ。だが春とはいうもののまだ折々は非常に不快な寒い日があった。三月末の或る朝など、あたり一面が雪景色に変じ、咲きそめた桜の花にも雪が積っていた。四月になってさえたびたび冷たい雨が降り、中部ヨーロッパにも劣らない気まぐれな天気である。そんなときには炭火のそばに坐って毛のジャケツなどを着こんでいなければならない。それだから妻にとっては、春の訪れを告げる徴《しる》しは、そのひとつびとつがあたかも救済のように思われた。台所が狭いので、どうしても開き戸を外側に開けておかねばならないからである。煉炭火鉢は台所の上り段に置くと暖いが、七輪の方は炭火から出る臭気が忽《たちま》ちこの小さな家いっぱいにこもってしまうので、いつも戸外に出してある。雨は度々降った、そうすると庇《ひさし》の出が浅いから、妻は雨傘を手にして見事な体操をしなければならなかった。こうして止むなく真に日本的な『自然への親近』に引き入れられたのである。

七輪は高さ二十五センチくらいのいわば素焼の四角な箱である。上部には炭火をいれる窪みがありその周囲に通気孔が穿ってある。また中央の穴の上には炭皿を載せ、外側の下部に取付けた粘土製の引戸を開閉して空気の調節を図るのである、ここから入った空気は火壺の周囲に設けてある空洞部をめぐるようになっている。火力を集中させる工夫としては、別に低い円筒状の素焼の輪があり、これを七輪の上に載せ、鍋なり釜なりの底に強い火が当るようにしてある。要するに全体が極度に炭の節約を旨としているのである。七輪の値段は一個が平均三十五銭である。いずれにせよ早く強い炭を得るに適している。

金属製の火箸を使って、真赤に熾きた炭火をあちこち按排《あんばい》しながら火力を調節することは、ヨーロッパの婦人にとっては一方ならぬ熟練を要する。しかし妻は、私と同様に日本の生活を親しく体験するつもりでいた。それだから日本の伝統と近代の技術思想との結合から生じたこのような純日本的設備にすっかり感心して、慣れない仕事の労苦も必要な体験でありまた生活の気分を新たにする変化であるとさえ考えるようになった。それにしてもヨーロッパやアメリカの主婦は次のような有様を想像してみなければならない、――日本の台所にはテーブルが一つもない、それどころか洗心亭の台所にはもともとテーブルを置く場所さえないのである。日本婦人は床の上に膝をついて台所仕事をする。しかし妻は、台所の上り段を腰掛や台の代りに利用した。それにしても台所から小さな方の室へ上るには、その度毎にいちいち靴を脱がねばならなかった。また日本の女中さんは食器を洗うのにいつも水だけで間に合わせているが、妻はそれでは承知できなかった。そこで脂こい西洋料理に適応した方法――つまり洗物に湯を用いることにした。だが日本流の洗い方は、一体に料理が脂ぽくないからそれでもよいのだという風に解釈していた。

その間に私は、いま私達の住んでいる家を研究して分析してその因って来るところを明らかにしようと思った。私は日本へ来るまえにこの国の文化に関する文献を広く渉猟していたので、今度日本に着いてからはあらゆる文化現象についてその実際の根拠をつきとめることを主眼にした。そこで私は、これまで読書によって得た知識を努めて記憶から払拭し、私自身の実地の印象と経験とを重んずる方針をとった。従って私がここに書き記したりまた故国の友人達に伝えようとするところのものもまったくこれにほかならない。

この小家屋は、儘田氏がよく私達の気持を酌んで選択したものであるとはいえ、結局日本家屋というものの偶然的な一例にすぎないことは、私も十分承知していた。また私達としても、ここに来てからの三週間を、『洗心亭』にだけ引籠っていたわけではない。時々は散歩の途次、山下の村や近傍の村落を訪れ、またたび高崎へも行きたまには東京にも出てみた。しかし所詮この小さい洗心亭が、いつでも私達の安住の場所でありまた実際にもここを自分達の根城と思うようになった。私達はまたいろいろな人達と知合いになった、そのなかには学者もあれば商人もあり、芸術家もあれば建築家もある、それだから英語やドイツ語で話すこともあり、こういう談話によって教えられ啓発されるところが多大であった。日本家屋は実に多種多様の変化を示しているばかりでなく、これに関する日本の友人達の説明もしばしば矛盾しているので、私には自分の研究を取敢えずこの洗心亭に集注するのが、最も当を得ているように思われた。洗心亭は典型的な日本家屋であって、あらゆる日本的要素を含んでいるから、これを理解してしまえば、変化がいかに多様であってももう混乱することはあるまい。

まず私達が熱心に研究しだしたのは、この家で最初の一夜を過した晩に、私達をひどく悩ました鼠のことである。いろいろ調べてみると日本人が鼠をいわば家畜同様に心得ていることは殆んど疑いをいれる余地のない事実である。旧い芸術品を観ると、鼠は人間の敵どころかむしろ人間の友達として表現せられている。鋳物の見事な燭台には、鼠の彫刻がついている。木版画を見ると福徳神の大黒様が両手に一つずつ輪をもって鼠の方に向けている、鼠はこの輪をくぐって大黒神のキモノの広い袖のなかに跳び込むのである、――これはヨーロッパ人の眼から見ると実にたまらない倒錯だ。また『鼠の嫁入』の絵もあれば鼠を主題にした音楽もあり、そのほかにもこの動物に対して親愛の情を示した作品が数多くある。子供達は夜寝る前に、鼠が天井裏でがたがたあばれているのを聞くとうっとりした気持になる、そして彼等は言うのである、『鼠さんが遊んでるよ』。私達はどこかで時々この鼠たちに確かに餌をやっているに違いないと思うようになった、——もちろん毒の入った餌のことではない。しかし実際に毒を与えて鼠を駆除しようとしたときには、住職の一家が手伝ってくれた。広瀬夫人が毒入りの菓子を作ってくれたので、これを天井裏と縁の下とに撒いたら、その効果は覿面《てきめん》で鼠はそれきり永久にこの家を退散したのである。つまり鼠共は、ここに住んでいるヨーロッパ人は日本人のように自分達の友達ではないし、また日本人さえ今では近代的衛生の立場から、たのみにならぬ友達になってしまったことを悟ったのである。尤も私達が寺の湯殿で入浴していると、鼠君は庫裡《くり》の天井で存分に跳ね廻っていることもあった。（後に京都の孤篷庵でも鼠の騒ぐのを聞いたことがある。この美しい寺は、第十七世紀の偉大な建築家でかつ造園家を兼ねた小堀遠江守政一、即ち建築及び造園の領域における日本最大の芸術家が、彼の稔り豊かな晩年を死に至るまで過したところである。）しかし現代的な僧侶である広瀬氏は、仏教徒であるにも拘らず、——私達が毒菓子を用いて鼠を駆除した際に手伝ってくれたことは別としても、——家に捕鼠器を備えているのである。

今まで住んでいた鼠が急にいなくなるのは、やがて凶事の起る前触れであると考える風習が日本にあるということは、私達もしばしば聞いていた。だが鼠はもともと日本の原住者ではなくて最初は朝鮮やシナから渡って来たものである。南京虫もやはりこの方面から来たのであるが、日本には滅多にいない、たまたま港町で見かけるくらいなものである。この南京虫はもちろん鼠にくっついて来たものではない、その代り鼠には一種の小寄生虫がいて、初夏のころこれに螫《さ》されると非常に不愉快である。しかも顕微鏡でしか見えないような微小な生物であるからますます不愉快だ。鼠が、殺生戒を原理とする仏教と同時に渡来したという歴史的連関が、この動物に対して親愛の情を懐く原因になったのではあるまいか。或はまた船が沈没する前に鼠はいち早く船を見捨てるものであるという船乗りの信仰からきたのかもしれない。しかし私は、この事実のうちに日本家屋の説明を求めることができるのではあるまいかと考えた。日本の家は、一寸した嵐にさえ揺れるのである、そうだとしたら颱風《たいふう》や地震にはどんなことになるだろうか。そこで日本人はこの動物の本能に信頼して、鼠が彼等とともに同じ家に住んで騒ぎまわっている間は安心していた、——それどころか喜びさえしたのである。そんなわけで、一つには宗教的な、また一つには実際的な理由から生じた本来の信仰が、やがて迷信化したのであろう。しかしこの迷信は、日本家屋が今日でも保存しているところの特性——とりわけその脆弱性から見て、必ずしも絶対に迷信であると言い切れない。現代日本の衛生施設は、鼠の駆除についてもや

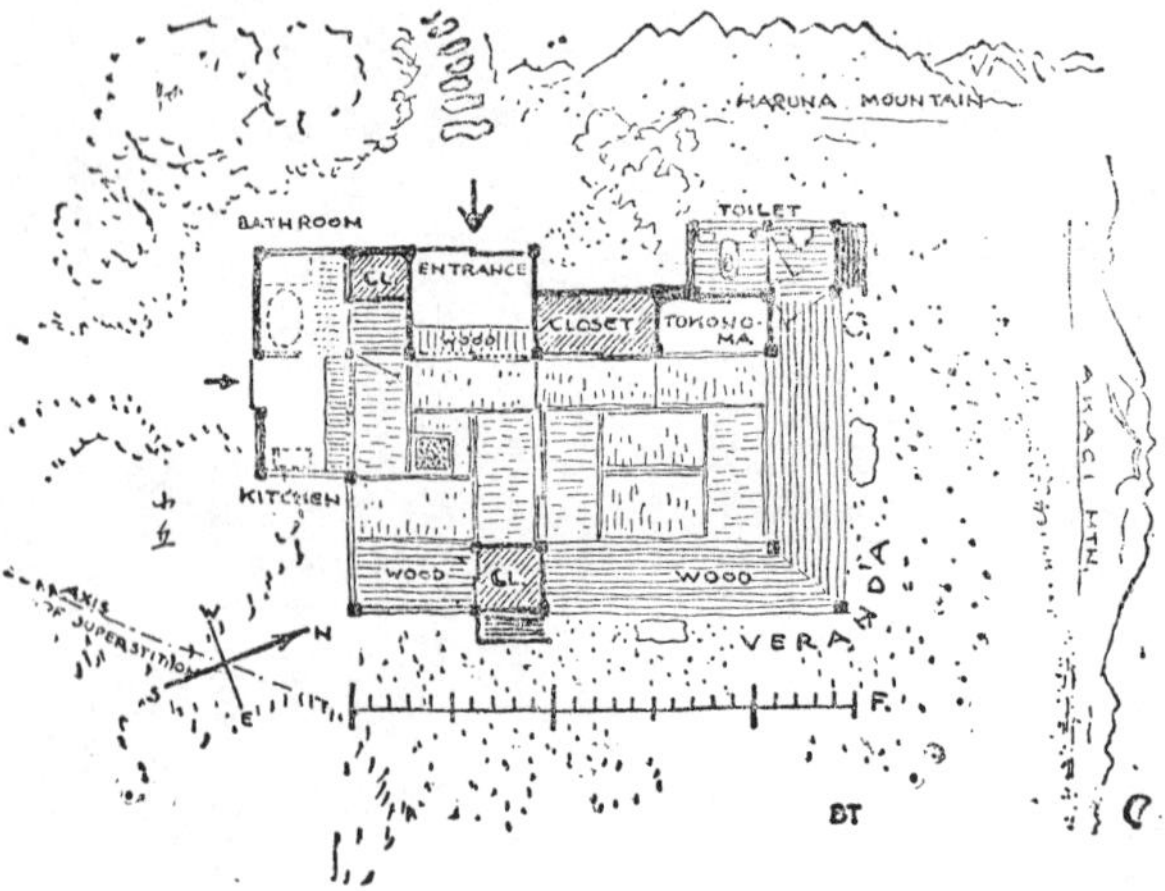

洗心亭平面図

がて西洋と同じ程度に達するであろう、その西洋とても蚊、蠅、諸種の害虫、蝗《いなご》、二十日鼠或はそのほか流行病の源をなすような一切の『人類の敵』に対する戦いを、実際的にはまだあまり真面目に考えていないのである。恐らく天上の星からは、人間こそ人間自身のもっと大きな敵に見えるであろう。

　そこで私は、自分がいま住んでいる家をよく理解するためにその平面図を描きはじめた。ところがまだ細部に取掛らぬうちに、早くも奇妙な点にぶつかってしまった。つまり周囲の景色に対するこの家の建方がどうも腑《ふ》に落ちないのである。大きな方の室の縁側も小さな方の室も東南に向いている理由は、私にもよく判る。しかし山下を流れる美しい碓氷《うすい》川の谷や河に架した二つの橋、河沿いの村々、八幡社とその背景をなす大杉の森、そのうしろに連なる丘陵、更に遥かな遠方には空を限る大きな山脈（山並みの左は浅間山に接し、右はつい近くの雄大な榛《はる》名《な》山塊に終っている）からなる佳絶な景色は、縁側に出ても一望のうちに収めることができないのである。この美しい風光を取入れるように家屋を設計することは極めて容易であろう。田舎に友人を招くために建てた家だというのに、なぜこの見事な眺望を便所の小さな窓からだけ覗き見るようにしたのであろうか。私はいろいろな人に訊ねてみた。その答はみな一致していた、東北―西南の軸上には、決して便所、玄関或は台所を建ててはならぬというのである。建築家は、現代の住宅でも建築主がこの掟を守ることを要求するので、やむを得ず設計上の長所を丁度、この家のように、犠牲にする場合がしばしばあると話してくれた。

なぜだろうか。どんな職業の人もまたどの地方の人々も、この規則はシナから伝えられたものであり、シナでは恐らく主要な風向や水流の方向から見て、合理的な根拠をもっているのであろうが、日本ではまったく無意味であると言っている。それだのに、ごく稀な例外は別として、この規則を犯せば必ず家内に不幸が生ずるという奇妙な恐怖を懐いているのである。請負業者や建築家に家の設計を依頼する人は（だが建築家に相談することは、遺憾ながら極めて稀である）、まず設計図を特殊の易者（家相見）に見せるのである。日本では、易者というものはなかなか大きな商売である、私達はのちに京都でこの方面の大道易者を見た、彼等は夜店の商人がアセチレン燈の光を頼りにいろいろなものを売っている通りで、神秘的な線や図を描いた家屋図を並べて営業しているのである。私は、近くの都会からばかりでなく東京からもこの寺に守札を貰いにくる人達が沢山あるということを聞いた。つまり家相のどこそこがよくないとか、建築に着手する日取や年は何時《いつ》でなければならないとか、とやかく述べ立てる易者の言葉を信用して、お札を受けに達磨寺にやってくるのである。私はかくべつ民族学に深く立入る積りはないので、与えられた材料を手がかりにして、技術的或は衛生的見地から日本の住宅建築を闡明《せんめい》すると思われる点についてだけ、例の神秘的な規則を研究しようと思った。そこで私は、八角形の各辺に細かく方角を書込んだ図面を手に入れた。これを仔細に見ると、全体が二十四の方角に分れていて、それぞれの方角にあたる室や設備が居住者にもたらす吉凶を書き添えてある。私にこの図面を翻訳してくれたのはすぐれた建築家であったが、この人も私と同じような興味をもって、何かそこに合理的な意味を見出そうと努めたけれども、結局断念せざるを得なかった。成程そのうちのいくつかは合理的に思われた、例えば西南の台所は火の用心が肝要であるというのは、強い西南風を気遣ってのことであろう、またこの方向に井戸のあるのは健康によろしくないとも言っている。これらはいずれも古代シナの地理的及び風土的条件から説明できるのであろう。しかし、この二十四の方角の一が吉でその隣りの方角——つまり僅か七度ないし八度違うと同じ事でも凶に変ずるとか、或る定った方角に地所や家屋の凸凹があると、不幸に見舞われたり病気にかかり或は貧乏になるとか、別の方角にあると妻の権力が強くなるとか、門、玄関或は土蔵の位置が或る場所では大吉でありながら、ほんの一寸はずれると大凶になるなどという風になると、もう単なる出鱈目《でたらめ》ではなくて、易者やまたこれと結託している寺を養うために作り上げた迷信に相違ない。私はまた古い家屋図を探し出した。東京の西方にあたる本州中部地方の飛驒高山にあった代官屋敷の平面図で、池が屋敷に対してよくない位置を占めているために、ここに住んだ十三人の代官が酒乱になったというのである。しかし恐らく寺で売りつけた高価なお守や僧侶の祈禱などで、この凶事は退散したことであろう。

私の研究の成果は頗《すこぶ》る混乱したものになったが、しかし全体として一つのはっきりした事実をつかむことができた、即ちこの種の迷信はすべて太陽に関係があるということである。これはアジアに特殊な考方であって、少くともこのような形では西洋には存在しない。戸口に馬蹄を打ちつけるとか窓框《まどがまち》のなかを十字架に作るというようなことは、ヨーロッパの諸地方で今日も行われている迷信であり、これによって悪魔が家の中に入ってくるのを阻むというのであるが、しかしこの悪魔は太陽や方角には頓着しないのである。ところが日本では、このような悪魔は一般に知られていない。日本はこの国に固有の信仰であるところの神道によって、個々の自然現象や自然力を神化した。そののち豊富なシナ思想が圧倒的な力で入ってくると、あたかも小児のような素朴さでこれを迎え、まったく説明のできない不合理な規則までもそのまま受入れてしまった。それというのもこの不可解な規則がいろいろな自然力――太陽や方角或は火や水などもこれに属している、――と関係していたからである。このような経過は、神道の単純素朴な自然信仰を懐いていた国民に仏教の複雑巧緻な諸仏の世界が与えられた事情と相通ずるところがある。即ち本来芸術的生産力を包蔵している美しい自然信仰が、『不合理なるが故に信ず』という思想にあたら心を委ねてしまったのである。

夏

七月も日を重ねるにつれて雨は次第に少くなり、やがてまったく降らなくなった。農民達は稲田の水不足を喞《かこ》ち始めた。寒暖計は屋内でも正午には摂氏の三十度を越している、八月でさえこれ程ではあるまいと思われるような暑い日が幾日も続いた。夜になっても、もう涼しくない。夜と昼との温度の差は、ますます少くなった。蟬が鳴き始めた。蟬の声は『暑熱の音楽』である、鋸をひくような声をたてるものもあれば、小鳥の囀《さえず》りさながらに鳴くのもある。農民達の挨拶はもう疾《と》うに、『お寒うございます』から、『お暑うございます』に変っている。

私は日本の夏の厳しい暑さというものを何遍となく聞かされていた、その夏がとうとうやって来たのである。日本に滞在している外人達は大抵、浅間山麓の避暑地軽井沢に出かけて行く。私達も、軽井沢へ来たらと度々すすめられた。しかし私達は、もともと避暑地というものを敬遠していた、それに社交的な義務までが加わっては耐《たま》らないと思った。私達は自国の人達と話したり訪問しあったりするために日本に来たのではない、しかも故国にいるときと違って、この国に来ているドイツ人達とは互いに気に適った交際を自由に選択するわけにいかないのである。一度行ってみた軽井沢の本通りは、世界漫遊者の『趣味』に合いそうな商品を並べたてて、まるで横浜や神戸などの出店としか思われない。そんな風で軽井沢には少しも心を惹かれなかった、それどころか外人として日本人だけのなかに住んでみたい気持の方がますます募ってきた。つまり漁村の人々と共に海洋の生活に親しむかたわら、海水浴を楽しみまた日本の夏の生活や盛夏の生活形式の特徴を知りたかったのである。

ところがこのような場合にあれかこれかの選択の前に立たされるのは、どこの国でも同じである。一方は楽に行ける海岸の海水浴場であって、生活必需品やその他のものを自由に手に入れることができるし、また立派な汽車が通じ、娯楽にも事欠かず音楽や社交的機関も完備している。他方は生活に必要な品物もあまり上等でないばかりか、まるで無いことさえある。しかし避暑客は殆んどいないので、土地の人達に対しても避暑客であるという感情を取立ててもつ必要がない。このような土地では外人に対する漁師や農民の態度も、通例の避暑地とはまったく違っている。また海水浴場につきもののうるささ——例えば夜になると犬が吠えたり、朝早くから夜遅くまで蓄音機やラジオが近所の家々からたえず聞えてくるというようなことなどに（これは現代日本に独得な疫病である！）煩わされなくても済むであろう。

私達は、儘田氏がいろいろ調べてくれた報告にもとづいてこのような選択の前に立たされたとき、一も二もなく伊豆のとある漁村の方にきめてしまった。そこには気持のよいたった一軒の貸家があった。村の人達は概ね漁師である。もちろん稲田を耕作している農民もあるが、しかし特に際立った人達は住んでいない。乗合自動車でも電気鉄道でも、乗っている客は殆んどすべて土地の人達ばかりである。

この村は、東京の西南方に位する伊豆半島にある。伊豆は日本の『リヴィエラ』だ。緑の森林に蔽われた山々は海際に迫り、海はまた嶮崖《けんがい》と静かな入江との見事な交錯をつくりだしている。この地方が素晴らしい景観によって有名なのはまことに道理である。昔ながらの街道は、やはり古い隧道《すいどう》のなかを通っている。漁師の家には小舟や網、魚を干す台や魚を入れる箱などが備えてある、すべてが非常に簡素であると同時にまた絵のように美しい。赤銅色に陽やけした男達や子供は、舟に乗ったり海中に潜ったりして烏賊《いか》や貝を捕っている。もっと小さな子供達は海辺で水遊びをし、また女達は乳房も露《あら》わに働いている、——これは必ずしも美的な光景ではないが、しかし通りすがりに見ると何もかも無邪の楽園である。

石を畳んだ小さな波止場のうしろは、漁船の泊り場になっている。漁村は防波堤のある入江の渚に接し、そこからほんの一寸はなれたところに、庭をへだてて私達の借りた『別荘』——この村でたった一軒の貸別荘がある。私達はこの村に滞在した唯一の外人であるばかりでなく、恐らく初めての外人でもあったろう。

この家は少林山の洗心亭より二倍以上も広い。玄関に入るとすぐ三帖の部屋があり、これがいわば玄関の間である、そのうしろに同じ幅で四帖半の部屋があるけれども、奥まっているので外光から遮られている。しかしあいだの襖《ふすま》を取払えば玄関の間と続けて広間に使用することができる。この主軸の右方は床の間のついた八帖の居間で、部屋の二方には、洗心亭と同じく廻り縁がついている。玄関とその奥の間との左側には、硝子戸をはめた同じような室が二間並んでいる、中央にある奥の間のうしろはすぐ台所である。台所の左方は湯殿に接し、段を下りて入るようになっている。湯殿の外には小さな吹きはなしの叩き床を設けそこに便所がついている。また台所の右方は三帖の女中部屋である。これが避暑地によく見かける中流階級の日本家屋で、多少の相違はあるにせよ、大抵これと似たりよったりの設計である。それだから都会の住宅よりも簡単だし、従ってまた建築費も低廉である。家の建て方や設備は、洗心亭とあまり変りがない。しかし趣味にいたっては、洗心亭よりも遥かに低級である。少林山の家とてかくべつ趣味が高尚だというわけではないが、まだしも大工の細かい心遣いを見ることができる。ところがこの家にはいかものめいたところさえある。例えば床柱は徒《いたず》らに仰々しくて落着きがなく、床の間の壁は青色に塗られ、また鴨居上の欄間には安っぽい装飾を透《すか》し彫りにした板がはめてある。こういうつまらないものは、ほんのちょっと眼を楽しませるにすぎない。要するにこの家では、美しい釣合とか用材の落着いた効果などはまったく論外である。このような好みは料理屋趣味或は旅館趣味と言えるであろう、もちろんこの家などは、本格的ないかものに及ぶべくもないが、しかし傾向としてはまったく同一である。実際、日本の料理屋や旅館では、――高雅な趣味の家は別として――あくどい凝りようをした意匠を到る処に見かけるが、これこそ日本の典型的いかものである。私達はもう眼が肥えてきたので、教養ある日本人のするように皮肉な眼でこれを眺め、また多くの外人達がこのようないかものに感歎の声を放つのを聞いて、おかしくさえ思った。日本に来る観光客たちは、京都で日本建築及び日本庭園の至宝ともいうべき桂離宮を拝観しても、御殿と御庭との諸部分がそれぞれの目的に応じて精妙な分化をとげながらしかも無限の精神的連関を蔵してこの多様に無比の調和を与えているのを見極めずに、全体を僅か十分か十五分でそそくさと通りすぎてしまうそうである。装飾らしい装飾を何一つもたないこの離宮は、結局彼等に『まあ美しい、素晴らしいじゃありませんか』という感歎の声を発する機会を与えないのである。

　私達の海岸の家には、儘田氏の世話で日本人の親切な若夫婦が一緒に住むことになり、また女中さんも一人来てくれたので、日常の生活は至極快適に営まれた。

私達は、七月の半ばから九月の初めまでをここで暮し、夕方はよく海水浴に出かけた。街路を跣足《はだし》で歩いたり、戸外で半裸体になったりすると科料に処せられるそうだが、しかし日本を『礼儀』の点でも近代化しようとする政府の命令は、まだこの地方まで行き亘っていなかった。私達は東京のいわゆる上流階級の人達が、胸をはだけて乳房を出している婦人の姿を描いた浮世絵を見て赤面するのを不思議に思った。彼等は、できることならこういう絵を書物や画集から抹殺してしまいたいと思っているらしい。しかし日本の洋画家が、等身大の裸婦像を数かぎりなく描いて展覧会に陳列することに対しては、一言も抗議しないのである。

だが村の老人達は、このようなはいから的羞恥を意に介しない。彼等は褌《ふんどし》一つで裸身にゆたかな涼風を楽しむのである。仕事をしている漁師も若者も全身栗色に日やけしている。女達もキモノの胸をはだけて乳房を涼風の弄ぶにまかせ、見せかけだけの道徳などはどこかに置き忘れてしまっているかのようである。褌一つになったり或は半裸体で町を歩いている人から二十銭の科料を徴収する権能のある警官さえ、すっかり身体をしめつけているあのヨーロッパ風の白い官服をぬぎすてることができたら、さぞ涼しいだろうと心ひそかに思っているのである。

暑熱は、家のなかの日蔭でさえ四十度にも昇ることがある。全身は汗にまみれ、手の甲にはいつも汗の玉がにじみ出ている。私でも妻でも、何かしようとすると汗は容赦なく流れ落ちてくる。そこで今までとは違った仕事の速度が必要になってきた、――それはゆるゆると勤勉であること、つまりいらいらしまいとするなら『ゆっくり急ぐこと festina lente』である。

大気はいつも湿っていて蒸暑い、ただ風がわずかに動くときだけ、汗ばんだ皮膚が幾分爽やかに感じる。こうなってはいくら家を開け放してもまだたりない。また地面から発散する熱気を防ぐにも、庇だけでは十分でなくなった。それだからこの家でも、細竹を粗く編み風のよく透る日除を縁側の庇から外に向って張り出した。また家のなかにも、非常に細く削った竹や葦《あし》で編んだ簾《すだれ》、葭簀《よしず》などが、障子を外したあとにつるされた。このような設備は、眩ゆい天日を遮って眼を庭の緑や地面の上に向けさせるのである。大輪の白百合の花にときどき黒い大きい蝶がとまっているかと思うと、またすっと家のなかを通りぬける。明るい碧色の尾をした綺麗な蜥蜴《とかげ》は（日本人があまり蜥蜴を好まないのは不思議なことだ）、日盛りの地面を滑るように走り過ぎる。おかしな恰好で横這いに歩く蟹は手洗の下までやってくる、いつもぽたぽたと落ちている水滴を飲もうとするのである。それからいろいろな甲虫、蜘蛛、蟻、蚊や蠅、蝶はもとより、あまり気持のよくない油虫にいたるまで、実に夥《おびただ》しい昆虫が夕影のなかに姿を現わす。美しい緑色の雨蛙は、夕方私が仕事をしている縁側の上にぴょんと飛びあがる。しかし日が暮れやがて夜になっても、一向涼しくならない。屋根瓦は太陽の熱をしたたか吸収して、晩になるとそれを家の内部に向って吐き出すからである。この家の屋根には、燻《いぶ》し焼の黒い日本瓦が使われているのだからそんなにひどい筈はないのだが、それでも相当の暑さである。

しかしこのくらいの家だと、大抵は日本瓦の代りに薄い石綿瓦や人造スレートを葺いているし、またもっと甚しいのは瓦を模したブリキ板や生子《なまこ》板をそのまま使っているから、暑熱のひどさは思いやられるばかりである。恐ろしい暑さは、晩方はおろか夜遅くまで続くのに、昼間はいつも開け放しておく家を、夜になるとまるで木箱のように雨戸ですっかり閉めきってしまうのだから、実に気の毒なものである。

私達の家は、一晩中すっかり開け放しておいた。それでも蚊帳《かや》に入り寝床の上に身体を横えると、またしても汗ばんでくる。ところが風は、時々まるで嵐のようにすさまじい勢で吹きこむことがあるから、掛蒲団をまるきりかけずにいるわけにもいかない、その風の烈しさといったら、本なり或は有り合せのものを重しにしておいた蚊帳の裾をあちこち吹きまくり、そのうえアルプス地方の熱風《フェーン》のように神経をいらだたせるのである。

こんなに暑さが厳しくなると、裸身こそ最も快適な『キモノ』である。西欧の婦人服は、日本のキモノより風通しがよい、それだから妻は日本の婦人に比べてこの点は自分の方が大いに有利だと思っている。日本婦人のキモノだと、厚い帯を幾重にも身体にまきつけたうえ大きな結び目を作らねばならないから、まるで熱いコルセットをしめているようなものである。ところが私は、夕方海水浴にゆくまで軽い浴衣を一枚着ているだけである。またほかに誰もいないときには上半身を裸のままで書きものをすることもある、しかしそれでも汗は止め度なく流れるのである。

また不思議なことに、家のなかを靴下だけで歩くのがもう今ではまったく自然になり、それどころか靴下もはかずにいる方がもっと自然でかつ気持がよくなった。そうなると畳は実に素晴らしい、熱くもなければ硬くもない、——昼食後の休息などに、私はうちつけに畳の上へごろりと横になったりする。

日本家屋がなぜこのような数々の特性をもっているかという理由は、これですっかり説明がついた。しかし地面の上にやや高く架構してある床については、いま少し立入った説明が必要である。つまりこれは、地面を這う無数の虫類が家のなかに上ってくるのをできるだけ防ぐためである。これらの虫は、大抵は無害であるが、しかし多足類に螫《さ》されると皮膚が脹れ上って痛むから危険でなくもない。(床下の柱や下見張りに、ヨーロッパの山林小屋で松毛虫その他を防除するのに用いているような粘着剤を塗りつければ、飛んだり跳ねたりする虫でないかぎり、家のなかに入ってくるのを完全に防ぐことができよう。なかんずく木柱の内部を蝕んでは自分の巣に運び、しかも表面からはまったく気のつかない悪戯をする白蟻でも、このような駆除法を用いればもうそれほどたやすく被害を与えることはできないであろう。）

日本家屋を形成したのは、まさしく日本の風土、なかんずくこの国の夏である。酷暑の季節は健康にとって――特に胃腸の疾病には非常に危険だからである。実際、身体の平衡を保ち、なるたけ病気にかからない算段をするには、日本家屋を建てるよりほかに途がない。人工的に寒暖を調節する高価な装置を用いることも可能ではあろうが、しかしそのようなものは所詮人工的であり、落着きのない一時的な快感を与えるにすぎない。

種々な民族がそれぞれ特殊の前提をもちながら同様の結果に到達するのも、或はまったく類を異にした結果を生むのも、結局同一の理性にもとづくのである。例えばスイスのサン・フェの農家では、鼠の攀登《はんとう》を防ぐために納屋を蕈形《きのこがた》の柱の上に建てている。これは同じ目的のために同様の構造の生じた一例である、――尤も日本ではこの小動物に親しみを感じているし、スイスでは敵意を懐いているという違いはあるが。

私達は、人間の論理というものは風土が違うとまるで反対の結果に達するものだということを、いつか地中海の旅で経験した著しい実例と思合わせて、深い興味を覚えた。

地中海地方は日本とほぼ同緯度にある。バレアーレス群島は東京よりやや北に位しているが、家屋の構造はまるきり違っている。例えばそのなかのイビサの島民は漁業と農作（主として玉蜀黍《とうもろこし》）とに従事し、また家屋は数世紀に亘る旧い伝統を保存している。ところがこれを日本家屋に比較すると――用材の田舎風な加工だけは、日本の農家によく似た印象を与えはするが、——何もかも実に著しい相違である。イビサ島の家屋は八〇センチもある厚い壁をもっているのに、日本の家にはこのような意味での壁はまったくないといってよい。またイビサの家の窓は非常に小さいのに、日本家屋は広い開口部をもっている。イビサでは屋内の壁に石灰塗料を施しているが、日本では用材にせよ畳或は壁にせよ、すべて自然のままの調子を保存している。イビサ島では玄関の出入口にこそ僅かに日除けの庇屋根を設けているが、そのほかは家屋自身がまるで白い賽《さい》のような方形であり、屋根は粘土で平屋根に仕立ててあるが、この屋根は壁体から少しも飛び出していない、それかといって日光や雨を遮る設備は何ひとつ施してない。日本家屋に比べると、イビサの家は建築せられた洞窟の観がある。しかしイビサの農民達がこのような建築をするのは、日本人とまったく同じ論理に従っているのである。イビサ島民も、日本では恐らく日本人のように生活し建築するであろうし、逆に日本人もバレアーレス群島の気候に対しては、イビサ島民とまったく同一の処置を講ずるであろう。日本の夏の夜は、日中に比してあまり涼しくないのに、バレアーレス群島では昼は乾燥して非常に暑くそのうえ風も滅多にないが、夜になると急に冷えてくるからである。このような気候の懸隔から、まるっきり違った両《ふた》つの現象が生じたのである。これは建築材料の相違によるのではない。今日ではもう日本の木材保有量は非常に豊富だとはいえない、しかしこれからも日本ではやはり従来の形式に従ってもっぱら木造家屋が建築されるであろう。もちろんこれは決して固定した伝統ではないが、家屋の開口部をできるだけ大きくするとか、またその開閉を容易にするとか、そのほか諸般の風土的条件を充足するには、木造建築が低廉でかつ簡単だということになる。実際、日本では昼の大気を隔離しておくことはまったく無意味である。

　このような事情から日本では、自然及び自然物に対して他処とはまったく違った関係が生じ、従ってまたまったく異った美学と技術とが成立するのである。木材は人間と同じように取扱われねばならない、つまりその表面は被覆を嫌って自由に呼吸することを好むのである。大気は湿潤であるから、木材が乾燥しすぎて早く割れるということはあまりない、用材の処置や施工が完全だと尚さらである、尤も当節は建築が商売的になり過ぎて、この点が遺憾ながら十分であるとはいえない。しかしいずれにせよ木材の割れは比較的少い、たとえ割れたにしても、これを防ぐために安っぽい塗料を施すよりはむしろその儘にしておく方が無難である。木材は、気孔が開いていさえすればそれ以上割れるものではない。このような自然的材料のもつ美しさは、どんなに貧弱な建築にも具わっている、しかも家屋そのものばかりでなく、籬《かき》や庭木戸或は門などにも見られるのである。

　日本建築では、すべて建築材料を自然のままで使用し、これにまったく被覆を施さないのが本筋である。私は、漁師達が浜辺の石の上に船を引上げその下で藁を燃やして、ちょっとの間ではあるが長い焔を船底と船側とにあてているのを見た。今日でも塀の柱の腐蝕を防ぐために、その表面を焦すことがある。この方法は、黒い実に見事な調子を出すものである。こういうすぐれた伝統があるのだから、木材の保存を良好にすると同時に美しい黒色を得ようとするならば、今日の大工も家屋の外板にこのような処置を施すべきではあるまいか。それには三枚の板をいわば三角形の筒のように垂直に組立て、その下からめらめらと燃上る長い焔《ほのお》をほんの一寸《ちょっと》あてれば、これらの板を同時に焦すことができる。しかし今では、かかる方法は殆んど捨てて顧みられない。それは舞上る火の粉が、現場で鋸をひいたり釘を打ったりしている大工達に煩わしいからであり、また一つにはタールとかカルボネリウムのような木材防腐剤が、古来のすぐれた伝統を駆逐したためである。ところが日本にはいま一段と趣のある法が伝わっている。それは日本の秋をかざる美しい木の実である柿の汁からとれる柿渋を塗る方法である（活花に茎や枝の切口を焼いて切花の寿命を長く保つ方法があるのは、上述の事柄に関連して非常に興味がある）。

こういうところから日本では、自然に対して特別な関係が生じてくる。この国では、自然を隔離することは無意味であるばかりでなく危険でさえある。日本にも先史時代の洞窟建築がある。この時代の日本人は、辛苦して大石を積み重ねその上に土をかぶせて小丘を築いた、このような古墳の上には、今では大抵樹木が植わっている。かかる洞窟が住居にも使用せられたであろうという推測は、まだ立証されていない。恐らくこれは、世界中いたる処に見られるように、元来は墳墓であったものらしい。岩石を刳《く》って造られた洞窟も諸方に見うけられるが、これはシナの洞窟寺院や静坐窟の模倣であろう、しかしなかにはそれとても墳墓として用いられたとおぼしいものがある。

私は以上述べたところで、日本家屋のもつ若干の著しい特性にヨーロッパ風の体系的な考察を適用し、これを合理的な根拠から説明しようと試みた。つまりこれによって、うち見たところ異様な見慣れぬものも、実は極めて自然的な自明の事柄であることを指摘しようと思ったのである。もしこのような現象を、殊更に異国的なものと見做《みな》す人があるならば、それは動物園の王蛇の檻の前で驚歎している小児と一般であろう。しかしかかる感傷的、浪曼的な見方は頗《すこぶ》る不当である。地球上のすべての人間はみな同じ理性をもっているからである。ましてこの島国日本に住み、洗練せられた教養を体得し高度の分化をとげた国民に対しては尚さら不当である。

言うまでもなく合理的論証は、理解への第一歩にすぎない。それにヨーロッパ風の体系的研究だけではなんとしても不十分である、いずれにせよ西洋の方法は貧弱だしまた狭量でもあるからだ。

とにかく日本人の自然に対する関係は、既に家屋が開放的であるという点にもよく現われているが、それはまた自然と一体の生活を営み自然に親近するという結果にいたらざるを得ない。しかし人間は、自然の暴力をいかなる場合にも予め洞見し得るとは限らないから、地震や津浪或は噴火等の天変地異は突如として襲来する。つまり人間が直接感知し得ない広大な領域が依然として残されているのである。

風土的現象が、そこに住む人に特殊な生活態度を要求し、それがまた自然に対する防護設備や建築に反映するのは当然である。そこでこれらの自然現象は、人間の精神に一定の心構え——いわば哲学的態度を与える、これは理性を超えて直ちに感情を支配するものである。日本人の自然観は、人間を諸他一切の有機体即ち動植物は固より山嶽、森林、河海、湖沼などとも差別しないばかりか、岩石とすら同一視する。つまり一切の存在は、すべて人間と同様に魂を具えているのである。山上の大樹の下や海浜にある神社は、あたかも自然の諸力を讃える記念碑か、或は繙《ひもと》くにつれて自然の力を物語る秘籍さながらである。そこには一つの偶像も存しない、広大な境内に鎮座する小社殿の内陣には鏡と塩とを見るばかりである。

神道は本来宗教ではない、神道の諸神は神ではないのである。神道は想像の文化でありそれ以上でもなければそれ以下でもない。それは、想像を実在の事物に結びつけ、こうして想像をますます豊富にする。神道は生産的美学を生み出す。この美学は自然即ち実在と結びつくにつれていよいよ生産的になるのである。神道の儀式、祭典或は行列の示す極めて美学的な光景は、神官の純白な装束や清浄を象徴する白紙の御幣《ごへい》、純粋な器楽音を基調とするいわゆる『無調』音楽や、提燈などによってますます優雅な趣を添える。祭礼中、家々は開け放たれ、家具の置いてない部屋は広々と見える、人々はうちくつろいでここに坐り、軒先にはお祭りの提灯が吊されている、——このような光景は何よりもまず文化であり生産的な美学である。しかし祭典や儀式は、商売や迷信の好餌になるばかりでなく政治的目的のためにも利用されることもある。だがこのような催しは、民衆の祭礼に比べるとひどく味気ないものだ。因みに迷信は、この国の自然がいらだちやすいところから、国民の神経を鎮めるためにややもすれば助長されがちである。

日本——すぐれた趣味のまだ傷《そこな》われてない日本は独自の美学をもっている。

この美学は日本の哲学と極めてよく一致する。石すら精神的である、——かく観ずるとき、人間の生活は眇《びょう》たる存在にすぎなくなる。しかしいまこれを日本的に観想するならば、その意味するところは実に広大である。日本の画家は、単なるアトリエの芸術家ではない、彼は哲学者である、或はむしろ——遺憾ながら——哲学者であったた。造園や建築の芸術家、即ち建築家とてもやはり同様である。

建築家は、彼の用いる材料——例えば木材や石などを生あるものと観る。かかる材料にも始めと終り、若さと老いとがある。年経て美しくなった木材は、『美しい』が故に美しいのではなく、いわば幾多の生活の経験を重ねているが故に美しいのである。かかる木材は、生きとし生けるものの遭遇する最大の経験であるところの死、即ち自然への還帰に直面するが故にとりわけ美しい。しかし材料の若さまた独自の美しさをもつ。まだ鮮かな緑を失わぬ竹、まだ草の香の失せやらぬ青畳、建築材——特に香わしい檜材から発散する新鮮な香気などがこれである。

このほかにも、平板な合理的説明ではとうてい解釈できない事柄がまだ沢山のこっている。

しかし私達はこれまでの体験によって解釈し得る限界に到達したような気がする。私達にはこれ以上、日本人の独自な感じ方を究めることがもうむつかしいのではあるまいか。暮してみると、日本の夏はそれほど危険だとは思われなかった。暑熱はいつも非常に厳しいというわけではない。汗をかかないですむような涼しい日もあり、そんな時にはえもいわれぬ快感が全身をのびやかにする。私は、思惟というものは頭脳でのみ営まれるものでないことを感得した、そして東洋人が、人間の存在の中心を下腹部即ち臍《せいか》下においている理由がよく判った。また日本人が畳の上に坐り、大地とかたく結びついている所以《ゆえん》を理解した。

八月も終りに近づくと、颱風が高い浪を伴って訪れた。『天高き月』である九月になると空の碧《あお》はひとしお濃くなってくる。折々は残暑のきびしい日もあったが、しかしもう蒸暑くない。夕方はやや涼しくなった。蚊帳を吊った座敷の前の縁先で夕涼みする快さは譬《たと》えがたい。家々の軒先に提燈を吊して涼を納れている光景は絵のように美しい。私達の住んでいる家の小さい方の部屋には、手摺のついた肘掛窓がある、ここに腰をかけると、身体は室のなかにありながら同時に外気にもあたることができる。夕方、湯上りに浴衣がけで腰かけているときの気分はとりわけ爽やかである（このような窓は特に二階の室についいている)。海には皮膚を螫す水母《くらげ》が多く出るので、もう此頃は海水浴をする人もない。蚊はだんだん少くなってきた。効能の顕著な渦巻形の青い蚊取線香も、もうあまり使わないですむようになった。夏の暑い盛りを、小さな鋸引機のような声でいろいろなリズムを鳴きつづけた蟬の声は次第にともしくなった。死に瀕して地面の上に落ちた蟬は蜘蛛に咬《か》まれながらもまだ鳴きつづけていたが、やがて腹を上向きに死んでしまった。

秋――日本で最も美わしい時節が近づいて来たのである。

秋

秋は日本でもっとも美わしい季節である。九月はまだ暑い、大気は清澄になりまさり、満月は夕まけて早くも東の空に現われるが、時としてまだかなり暑い日もある。日本の秋の月は『柔き光もて木叢《こむら》と谷とを遍照す』というような抒情的、浪曼的なものではない、むしろ凜《りん》とした男性的な趣を具えて大きな丸提燈のように中空に懸っているのである。月光は、盆のうえに美しく盛りあげた果物や団子、お茶、薄《すすき》や秋草を活けた花瓶などの供物のならべてある縁側を明るく照している。人々はここに集い苦茗《くめい》をすすりながら仲秋の名月にちなむ俳句などを想い起すのである。古典的な俳句には日本人の文化的、芸術的な感情と思想との精華が圧縮されている。それだから、

名月や畳のうへに松のかげ
をドイツ語に訳しても精々
“Septembervollmond !
Auf der Matte
Der Schatten der Kiefer.”

としか言えない。句の仕立は極めて簡単であるが、いささかも感傷的な陰影を含んでいない。僅か十七字の小詩でありながら日本人の心には無限の連想を喚びおこすのである。この句の作者は第十七—十八世紀の日本の生んだ最大の抒情詩人芭蕉ではなくて彼の弟子の其角《きかく》であるが、実によく日本的感情の粋を表現している。最小の芸術的手段を用いて、しかも最大の心的、精神的発想を含むところの最も完成せられた芸術様式が即ち俳句である。目前の光景をやすやすと即叙してしかも同時に円満具足した結晶物だ、実に俳句は日本の芸術を——従ってまた日本の建築を闡明する鍵でもある。

十月になった。仲秋の名月を賞しながら茶を喫した時ですらすでに清涼を覚えたが、この月になると温い衣服を身につけねばならない。農家の庭にある柿の樹は見事に熟した朱色の実をつけて焦茶色の藁葺屋根を飾っている。大気はますます清澄になり、山々はふたたび間近に現われて、洗心亭に帰ってきた私達を迎えた。おりおり雨の降る日もあったが、もう以前のように暑苦しくない。このごろの気候はまた世界諸国の温帯地方とあまり変らないものになった。十月を通じて陽ざしは引続き暖く、十一月になってもその力を殆んど弱めない。十一月こそ日本では最も美わしい月である。様々な品種の菊花は一時に開いて妍《けん》を競い、雪団のような大輪の毬《まり》咲きから細弁が射出している花火のような乱咲きにいたるまで、また唯一輪のぽってりした大きな花を頂く盛咲きから星のような花を数多つけた懸崖咲きにいたるまで、その色と形とは無限の変化を示している。菊花の時節になるまで、一年を通じて栽培と手入れとに精魂をつくす菊花熱の普及は、オランダのチューリップ栽培を彷彿《ほうふつ》させる。商店の入口にも一般の住宅や農家の玄関口にも、見事に咲いた菊の鉢がならべられ、その様はさながら小展覧会である。行きずりの人々は近寄って心おきなくこの花を賞翫してよいしまたそうするのが礼儀でもある。立派な農家の前庭などには、細竹に油紙を張った屋根を設け、その下に多種多様の菊花を趣深くならべているところもある。またこのような庭にはよく井戸があり、その傍らには紅葉したばかりの楓《かえで》が紅い小さな掌をひろげている。時には座敷をきよめ人招き顔に屏風を立てまわしている家もある、そうすると人々は縁側に腰うちかけ或は座敷に上ってお茶の振舞をうけるのであるが、このようなもてなしに対しては僅かの茶代を払うのである。もしあたりの風光が佳絶ならば眼を馳せてこれを楽しみ、また下方を流れる河のせせらぎや落ちる滝の響に静かに聴き入るのも一興である。

私達は再び京都を訪れて、高雄、槇尾《まきのお》の秋色を賞した。燃えるような紅葉は様々なニユアンスの緑――特に杉の深緑の間に点綴して晩秋の渓に錦繡を展げていた。

このような観楓には春の桜花の時節よりも自然の美を心安く楽しむことができる。人々は三々五々、茶亭の優雅な休み台に――その上には蓙《ござ》や赤い毛氈《もうせん》が敷いてある、――うちつどい或は茶をたて或は知友を招いて宴飲する。独り来て楽しむものと打連れて興ずるものの差はあるが、いずれも青竹の筒に入れた酒瓶を傍らに置き、静かに坐して明るく照り映える紅葉を観賞するのである。時々陽の光が紅葉のなかにさしこむと葉は燃えさかる熾《おき》火《び》のように真紅の色を輝かす。このような人達の手にはよく一管の筆が握られていることもある。恐らく今日の饗応のお礼に色紙に簡単な絵をものしたり短冊に俳句を認めたりするのであろう。

俳句といえば、人々の坐っている茶亭の休み台も竹を縄でゆわえたばかりの小さな仮橋もみな俳句である。海辺や河のほとり、或は滝のそばや山中にある休み茶屋も俳句であり、行楽の人や海水浴客のための休処もみな俳句であるといえよう。しかし純日本的な建築様式の神社もまた俳句ではあるまいか。日本国民の聖所たる伊勢神宮は二十一年目毎に香りの高い檜材を用い、古来の形式をさながらに保存して造替せられる。この造営に従事する大工達は神官の着るような純白な装束をつけ、頭には黒い烏帽子《えぼし》をかむっている。要するに日本家屋とてもやはり俳句である。

私達は少林山の住居を日本における足溜りとした。住職の一家や村の人々はそうしなければ却って不思議に思ったであろう。私達はもうそれほど親しくなったのである、――お互がそれぞれにもついろいろな関係を諒解しあうことは流石《さすが》に困難であったが。洗心亭の傍らには、薬師如来を祀った古墳があり、その丘上に植えてある数株の楓の古木は美しく紅葉している。大気がやや冷たくなってきたので、私達は初めて日本に来た頃のように、また小さな方の部屋の囲炉裏に親しむ時が多くなった。炉辺に坐ってお茶をのんでいると、午後の陽は紅葉を通してあかく差しこむので、部屋中がひととき真紅になった。

夜もまた清涼になった。蟋蟀《こおろぎ》は鳴きやみ、河瀬の音がまたさやかに聞えだした。しかし秋の陽はまだその力を失わない。十一月、十二月は、ヨーロッパならば一年で一番いやな月であるが、日本では昼こそつまってきたもののまだまだ温い。そんなときには縁側の硝子戸を開け放して日向ぼっこをする。妻は冬中そこで縫物をしたり読書や書きものをして昼を過した。

十二月の中頃にはまだ地に散り敷いていた楓の葉も、とうに掃ききよめられた。冬も本格的に寒くなり、処によっては霜さえ降りているであろう。しかし南向きの日本家屋は、陽のある間は一日中開け放しておくことができる。冬の太陽はかなり低い、それだから陽光は縁先ばかりでなく、夏のうちは日陰になっていた座敷の一部にも射しこむのである（軒先の日除けや座敷の簾は、言うまでもなくもうとうに取り去ってある）。人々は、日当りのよい縁側でできる仕事は何もかもここへもってきてする。子供も縁側に坐ったりまたここで遊んだりしている。子供達は冬でも足袋《たび》をはかずに小さな下駄をつっかけて、日の暮れるまで家の近所で遊んだり駆けまわったりする。子供達のキモノはもう厚い綿入れであるが、動作は夏と少しも変らない。陽のある間は戸外で遊んでいるのである。それに日本の冬は陽が照って暖く大気は乾燥して明澄であるから、外に出ていられる時間も長く、またそうすることが非常に健康にもよい。大人でも冬中足袋をはかない人が沢山いる、洋服を着た人達でさえそうである。だがこれは、外人が見るとずいぶん妙な恰好だ、電車のなかの学生達や、また都会では——それどころか村でも、自転車に乗った商店の御用聞きや配達人なども洋服を着ながら素足で下駄をはいている。

婦人達のしていた家内の仕事もだんだん家の外へ出てきたようである。日向の縁側には洗張りをするのにほどいたキモノが沢山持ちだされている。キモノの布地は一尺幅であるが、これは一フィートとほぼ同じ長さである（織耳ともで三〇・三センチある）。キモノはどれでも同じ丈の布地から作り、あまり裁ち屑を出さない。ただ衿のところだけは切取るが、余った部分は衿当に使うのである。また身体に合せて正確な寸法をとるということをしない、精々身長に応じて身丈が多少変るぐらいなものである。キモノには釦《ボタン》が一つもついていない、そのまま身体に纏うて帯をしめるだけである。それだからキモノを着る人によってそれぞれ異った襞《ひだ》が自然にでてくる。これは実に美的であり古代のギリシア人やローマ人の着たトーガを想い起させる。男子はキモノの長い袖をたくし上げて腕を出したり、また裾をはしょって帯の間に挟み歩行を楽にすることもある。キモノを着て下駄をはいた姿は、実に自然で絵のように美しい、まるで古代のギリシア風俗が今日ふたたび蘇って東方のこの島国に出現したのではあるまいかと思われるばかりである。そこで私達は世界文化のこのような人知れぬ移動径路を探ってみたくなった。古代文化の光はこれを受容する媒体を日本に見出した、この媒体は、古代ギリシアと精神を同じくし、それ故にこそ独自の文化形式を創造したのである。ギリシア文化そのものは僅か三世紀ないし四世紀しか存続しなかったけれども、爾来《じらい》二千年を経て今なおヨーロッパ人の思惟と感情とを支配しているのは、まさにこの文化の新鮮にして小児の如き天真無邪に来由するのである。ところが新鮮にして天真爛漫な心情はこれまた日本的なもの——即ち世界諸国の数多い文化創造のうちにあって実に独自の地歩を占め、不消化な影響や模倣によって傷《そこな》われずまた堕落もしなかったところの日本的なものを形成している特性にほかならない。

キモノに帰ろう、——軽い木綿でできている浴衣は別として、表に絹をつかっているキモノはすっかりほどいて洗張りをする。布地を冷水で洗い糊を加えた水に浸し、それから張板のうえに展げてぴったり張りつける。この張板は日向に出され、いわばアイロン掛けと伸張が同時に行われるのである。到るところの街や庭或は方々の家の前などには、とりわけ冬になると、色とりどりの布を張った張板が沢山ならべてある。また良いキモノの絹地は一反に縫合わされ、細い竹で作った伸子《しんし》をかけて張りのばし、長い布地の両端を綱で引張って日向に出すが、あまり長くなければ縁側で間にあわせる。こうして洗張りができあがると、婦人達はまたキモノに縫いあげる、上着には裏地をつけまた冬物には綿を入れることもある。下着はいろいろであるが、婦人用には概ね明るい赤系統の色が用いられる。こうして婦人達は縁側に坐って縫物をしている、仕立てあがると縫目の箇所だけに、傍らの火鉢で熱していた鏝《こて》をかけるのである。このような仕事の合間にも赤ん坊に乳を与える、そんなときにはただキモノの衿を無造作にひろげて乳房を出しさえすればよい。乳呑児を揺籃《ゆりかご》に入れて子守唄を歌ってやるなどという面倒なことはしない。子供はもう極く小さい時分から、母親や、またお母さんの忙しいときには兄姉やおじいさんの背中に背負われて世間を見てまわっているのである。しかし働いている母親も子供をおぶったまま野良や浜辺の漁船のそばではげしい労働をすることがある。それだから赤ん坊は退屈することがない、またくたびれれば小さな頭を垂れてそのまま寝入ってしまうのである。こんな風に子供が頭を垂れたりまた両脚を紐でしめつけることに衛生的な危惧の念をもつかもしれない。しかしこれは母胎にいる状態が、生れてからもしばらく続いているというだけではあるまいか。従ってこのようなやり方が成長や成長後の力に決定的な影響を与えるとは考えられない。いずれにせよこれは、日本の子供達が健全な精神的発育をとげている理由である。日本の子供が、恐らく世界のどこの国の子供よりも物わかりがよくまた我慢づよくて駄々っ子らしいところがないということには、まったく疑をさし挟む余地がない。

東北地方の非常に寒いところでは、もう赤ん坊をこんな風に取扱うわけにはいかない。この地方では、二歳ぐらいまでの子供を冬じゅう小さな楕円形の木箱のなかに入れておく。箱の底には穴が穿たれ、その上に砂や藁或は蓙のようなものが敷かれ、赤ん坊はこのなかで寒い時節を温かくすごすことができるのである。

家のなかで仕事をしている女達は、ときどきそばの火鉢に手をかざす。これは坐って書きものをしたり本を読んだりしている男達もすることである。またお茶を飲みながらも――だんだん寒くなると、これにはどうしても火鉢が必要である、――手をかざし、とにかく両手があいてさえすれば誰でもそうするのである。このように手と手首とだけは暖めるけれども、暖炉を用いて全身を暖めることはしない、それだから室内の温度は室を閉めきっても戸外の温度と大して変りがないのである。実際、日本人は部屋全体をヨーロッパ風に暖めることを希望もしなければ、またもともとそうするつもりもないらしい。しかしそれならどうして冬の寒さを凌ぐのであろうか。

まず第一に太陽と太陽に暖められた大気とに頼るのである。大気は太陽の熱を保存して血行の循環を自然の状態に保つ。それだから足が冷たくて困るというような話は一向に聞かないし、また冬でも足袋をはかずに平気でいる人達さえある（跣足で歩くのは、田舎の人達か田舎或は小都会の子供たちだけで、ほかの人達はみな下駄をはいている）。実際、私達外人でも座蒲団や畳のうえに坐っていると足の冷えるのを感じないくらいである。全身の防寒にはキモノを重ね着するのであるが、そのキモノには綿の入ったものもある、こうして日本人は、火から放射される温熱を享受するのである。ところがこのやり方は、最近の熱理論とよく一致している。我々が快適を感じるのは空気の温度ではなくて放射する熱による、というのがこの理論の主旨だからである。またこの説によると、暖房管を天井のコンクリート床に埋めこんで、上から室を暖めなければならない、これはアムステルダムの外気学校で実際にやっていることであって、生徒達は冬でも教室の窓を開け放したまま作業しているのである。また電熱によって暖めた金属板を壁の上部や電燈などにとりつけることもある。こうして放射される温熱は太陽熱に似ている、つまり人が静かに坐っていれば温いし動けば寒いのである。（日本家屋を現代化するには恐らくこの方向をとるべきではあるまいか。）

冬

冬の陽が隠れて冷寒を覚えるとき、太陽の温熱に代るものは真赤におきた炭火である。炭火は有毒瓦斯《ガス》を発散するが、この瓦斯の多寡と、従ってまた有害の程度とは、火鉢や囲炉裏を扱う人の熟練にまつところが多い。それに日本家屋は決して気密に閉めきられていない。襖や障子も、密閉という目的にはかくべつ役立たないのである。実際どこともなく室のなかに入りこんでくる隙間風には、日本に来た大抵の外人達がびっくりする。しかしそのために炭酸瓦斯の有害な影響は著しく減殺されるのである。

　日本人は、冬の冷たい風が家の中に吹きこむときのひどい寒さを防ぐために、そのほかにもいろいろな工夫をしている。それはキモノばかりに限ったことではない、キモノには外出用の薄い上着があるくらいなもので、外でも家の中でもまったく変りがないのである。また膝をそろえて畳の上に坐ることばかりでない。こういう坐り方をすると、身体がきちんとして調和のとれた姿になるのである。それに寒い時には、腕や手先をキモノの広い袖のなかに引込めているから、冬には夏よりもなおさら恰好がよい。日本人は、冬の陰暗な日にこのような姿で座敷に坐っている。傍らには火鉢があり、ときどき両手をその上にかざしては、樹木や庭の上に降積った雪を眼で楽しむのである。日本の雪！　これはまた自然の奇蹟だ。ほかの国では、雪の量が多すぎたりさもなければ水分が多くてぐちゃぐちゃにぬかる厄介な雪である。もちろん雪は日本でも沢山降る。しかし諸国の冬となると、樹木はことごとく零落し緑はまったく地を払っているので、満目の自然は惨澹とした死相を呈している。ところが日本はそうでない。常緑樹は、喬木にせよ灌木にせよ、落葉樹よりも数多くあるらしい。夏の酷暑が醸し出す湿潤な大気にも鮮やかさを失わぬ樹々の緑は、秋冷の候になっても凋落することなく、ついに楓の紅葉にいたって美観の極致に達する。また常緑樹の深い緑は、厳寒を凌いで日本の冬の基調となっているのである。冬咲く美しい椿が、雪に蔽われた濃緑の葉蔭から真紅の花をのぞかせていることもある。竹の葉は春立つころ初めて枯れ、また代赭《たいしゃ》色になった杉の葉は冬の尽きるころにようやく落ち始める。だが雪を被って実に見事な景観を示すのは、何といっても松である。雪と白い紙、——日本画家が白色を本来の素地としたことは極めて自然である。実際、雪は日本画家の好んで取上げる題材であるばかりでなく、日本画そのものの様式にしてからが、ヨーロッパ的観点から見ると、殆んど雪に由来しているかのように思われる。さればこそ襖絵は、材料の清純を少しも損わないのである。つまりそこに描かれている絵は、画面から飛びだしているようなどぎつい感じを与えることがなく、素地そのものからいかにも物静かな光を放っているのである。それだから厳粛な日本画は、大方は彩色を殆んど用いない。雪は一切を蔽いつくし、その下にあるものを感受することすら、観る人の心にまかせているのである。

絵画ばかりではない、建築もまた雪を考慮に入れているのである。軒の出の深い庇が、座敷からの眺めに対して陰暗な空を著しく遮っているのは、極めて芸術的である。雨の日のように、雪の降るときも眺めを庭に向けられる。その庭は、幾何学的な意匠によって見る眼をたちまち疲らせるということがない。

いったい頻《しき》りに喧伝されている日本庭園の本質なるものは何であろうか。日本の庭園は、小山水にすぎないのだろうか、即ち写景だけが日本庭園の本質なのであろうか。諸方の庭園を観に行くと、これはどこそこの山水を模したものであるという説明を聞くことがよくある。実際その通りなのであろう、しかしここに日本庭園の原理を求めることはまったく誤りであると思う。日本人は四季を通じて自然に親しんでいるので、樹木、岩石、池水などに遠方の山水から得た形を与えることにはまったく趣味をもたないのである。木造建築では、言うまでもなく直線を準縄とせねばならない。それ以外に建築の原理を求めるのは、感情の薄弱を示すものであると言ってよい、こういう態度は不自然であり、感傷的浪曼的であって作為に堕せざる得ないであろう。日本の生んだ最大の芸術家小堀遠州政一は桂離宮の建築者であるが、彼は床の間にさえいささかでも作為の痕を止めることを避けた。京都の孤篷庵忘筌《ぼうせん》の間は、小堀遠州が世を終えるまで芸術的に極めて豊かな晩年を送ったところであるが、そこの床の間はこの部屋のほかの部分に示されている建築意匠と少しも変ったところがない。つまり床柱に特別な銘木が使ってあるのでもなければ、落掛も鴨居の高さを超えていない。小堀遠州はまた日本最大の造園家であるばかりでなく、茶道及び活花の宗匠でもあった、今日『遠州流』として教授せられている流派は遠州の創始したものである。しかし遠州の築庭は、彼の建築とはまったく反対の要素を含んでいるように思われる。建築では、直線と直線から生ずる釣合とが自然的でありまた最もすぐれた様式であるにも拘らず、庭園ではこれこそ最も不自然な形式なのである。遠州は、庭園をいわば生物の集合体と見做した。かかる生物を切断し破壊して（例えば岩石を截断して）、家屋にのみ必要な整然とした形にすることは、まったく不合理である。樹木、叢林、池水、岩、苔——これらのものはおのがじし独自の生命をもっている。これが本来の相《すがた》のままで家屋に近接すると、ここに初めて家屋と庭との見事な調和が生じ、家屋もまたよくその本来の生命を表現し得るのである。ところが庭園の構成部分は、その生命の表現形式を自然のうちに見出す、それだからこれらのものに建築から生じた諸形式を強要することは、所詮作為的であり非芸術的であって、その本質からの乖離《かいり》にほかならない。従って造園家が、画家と同じく自然の本質に参究し、また絵画に深遠な思想を託した画僧に倣《なら》い、庭園に哲学的思想を賦与したことはもとより当然であった。日本の庭園では、日本画を観賞するときと同じく、我々の眼は疲れることを知らない、眼はただに見るばかりでなく思想への変圧器になるのである。庭の敷石道は一直線であってはならない、人間は軍隊式に訓練されていないかぎり、真直ぐに歩くことを好まないからである。門も家屋と平行に設くべきでない。家へ入る道は、行進する軍隊のためではなくて思惟し観賞する眼のために造られたものだからである。石燈籠にせよまたその他のものにせよ、なにひとつ軸を基準として排列させる必要はない。つまり一切の要素は相寄り相集って、あたかも独立した自由人からなる良き社会の如くである。自由な精神は、それぞれ自己の個人的性格に従って行動しながらしかも互に撞着することなく、見事な全体的統一を形成する。家屋と庭園との関係はまったくこれであり、また偉大な古典的建築にあっては、家屋の諸部分相互の関係もまさにこれにほかならない。

庭の光が下方から座敷のなかへ差しこむと、襖はこの光を反射する、また襖に金雲模様がおいてあったり、或は来客の応接や祭礼の時などのように金銀箔を貼った屛風が立ててあると、庭そのものがいわば家のなかに入ってくるような印象を与える。もし美しい装飾がひとつもないときには、床の間の掛物が庭を反映する、——だがこれは精神的な反映かもしれない、いずれにせよ掛物は恬静な哲学を庭と同じ言葉で語っているのである。

しかし、これほど単純な事柄を理解し得ない人達が多かったということは、少しも不思議でない。恐らくそれは単純であるからこそ却って理解せられなかったのであろう。小堀遠州自身も庭園の意味を訊ねる人々に、この庭はどこそこの山水を模したものであると言って彼等を納得させたかもしれない。しかし遠州にせよまた他の造園家にせよ、上に述べたような見解を踏んまえていたからこそ、写景を行ってもいかものに堕しなかったのである。つまり彼等は、自然の景観に関する思想——即ち宇宙と一体であるという瞑想的気分を支持するような思想を庭園に結合したのである。今日でも教養ある日本人は、ヨーロッパから来た観光客に向って恐らく同様の説明を与えるであろう。外人には本当の理由を述べたところで、とうてい理解できるものでないと思っているからである。

古木を盆栽仕立にすることも、自然の樹姿をいわば盆中に縮写したものである。殊に矮小な松と竹及び花をつけた梅とを寄せ植えにした盆栽は、芽出度《めでた》いものとして新年の贈物に用いられる。庭園に植込んだ樹木も概ね刈りこまれる。従って最も自然的に見えるような写景庭園は、手入れに多額の費用を要するものである。植木屋は、まるで理髪師のように、松の枯葉やひ弱い芽を丹念に摘みとる、鮮かな松の緑をいや増しに際立たせるためである（植木屋の手入れは春から夏にかけて行われる）。また奇怪な姿態をした樹木も数多くある、これを仕立てるには植木屋のすぐれた技倆を必要とするものであるが、しかしかかる形はもう日本的ではなくてむしろシナ伝来の趣味であろう。立体形に刈りこんだ大きな生籬《いけがき》は江戸時代に創《はじ》まったものであるが、恐らくヨーロッパの影響を受けているのではあるまいか。

私達は、冬になってから東北地方を旅行した。洗心亭の障子や雨戸をまるで船の索具のようにゆすぶる烈しい北風にも、もう大分慣れてきた、私達はますます冬の身支度を固めた。昼間は火鉢のほかに煉炭ストーヴをおこし、また折々はそのうえ石油ストーヴをたくことさえあった。ところが旅に出て日本の宿屋に泊るとひどく寒い。宿の主人がガソリン・ストーヴをたいてくれたけれども、寒さを凌ぐにはあまり役立たなかった、ストーヴの傍にいるときだけは暖いが、なにしろ悪臭は放つしまた建てつけのわるい窓の隙間から入りこむ寒風に対してはなんの力もなかった。

私達はまた夥しい積雪を見た、土地の人々は屋根に上って積った雪をおろし、屋根の圧しつぶされるのを防がねばならなかった。積雪のために汽車は不通になり、送電線にも故障がおこった。街路には雪がうずたかく積っているので、往来の人々は家続きに張出された軒下の狭い通路しか歩くことができない。家並みに設けられたこの外廊風の通路（ガンギ）は昔ながらの設備であるが、積雪時には非常に実用的である。冬になると裏日本の北部では、この張出しを支えている柱と柱との間に板を張り渡す。街路の積雪は除去することができないばかりか、ますます高く降り積って、遂には二階にまでも達するからである。このような設備は、今日でもまだ諸方でしばしば見かけるが、誤った現代主義のためにだんだん駆逐されている。

秋田は裏日本の東北地方にあり、日本海に面した古い都会である。私達は秋田を見て、まさに東北地方の京都であると思った。家屋は二メートルもつき出た深い軒先をもち、非常に特徴のある日本的な形式を保存している。黝《くろず》んだ用材は白雪とあざやかな対照をなし、くっきりした切妻は屋根に積った雪をきわやかに縁どっている。私達は秋田で、すぐれた趣味と釣合感とについて京都を想い起させるようなものを数多く見出した。それは固より東北の風土に順応してはいるが、しかし何処《どこ》よりもよく保存されていた、この都会があまり火災にかからなかった所為《せい》である。長い街全体が、このような性格を顕著に示しているところさえあった。なかんずく冬の生活は、この性格を特に際立たせる。商店は、厳しい寒さにも拘わらず、夜遅くまで開いていた。とりわけ子供達は、冬の生活の素晴らしい点景である。また雪頭巾と女達のはいているモンペ――まるで絵のような冬衣裳だ。雪橇《ゆきぞり》がある、子供達はこれに乗って方々を駆けまわるのである。冬の遊び、冬の唄、冬の祭、雪達磨、カマクラ——子供達はこの雪室《ゆきむろ》のなかに莫蓙《ござ》を敷き、その上につつましく坐ってお茶を飲んだりしている。入口には下駄がぬぎすててある。馬橇は厚く積った雪の上を走っている。秋田の人々は、こうして冬を残るくまなく享楽し、多彩な冬の生活を営んでいる、——これは確かにゲイシャや桜で代表されている日本とはまったく違った別の日本である。この地方は秋田美人で有名である、だから東京や大阪のゲイシャには秋田の女が非常に多いということだ。秋田の人達は、夏よりも冬の方がよいと言う。『冬は』、と或る人が私達に言った、『橇もあるし外でいろいろ楽しめます、しかし夏は暑いので家のなかに閉じこもっているよりほかに仕方がありませんからね』

　この地方の家屋とても、軒の出の深い軒先と逞ましい木構造とのほかには、南日本と本質的に異った特徴を具えているわけではない。内側に障子をはめ外側に雨戸をたてることも他所と同様である。ただ二階の障子には、その一部に硝子がはめてある、長い冬じゅう陰暗な天気がつづき寒風が吹きすさむので、これがヨーロッパ風の窓の代りをするのである。

　それなのにこの地方の人達は、どうして寒い冬に耐えるのであろうか。太陽の光は豊かでない、日本の冬は非常に乾燥している、冷たい寒風が吹くので乾燥しすぎるくらいである、毎日熱い風呂に入るにしても、それだけでは決して十分な保温法だとはいえない。

太陽の温熱に代るものは、日本では真赤におきた炭火である。冬になると囲炉裏には炬《こ》燵櫓《たつやぐら》を置き（まるで小さな机のようだ）、その上に掛蒲団をかけて縁《へり》を四方へ垂らすのである。厚い綿入のキモノを着た人達は炬燵のまわりに坐ったり胡坐《あぐら》をかいたりして、手足を蒲団の中に入れると下の方からほかほかと暖くなってくる。一家の人達はみな炬燵に集り、ここでいろいろな話に打興じるばかりでなく食事もすれば仕事もする。こうして家の人達もお客も、炬燵に入って温暖を享受するのであるが、しかし時としてお互の身体があまり近づきすぎることがある。炬燵は東北地方に限られたものではなく、諸方に見られる冬の設備である。

そのほかにも、一人用の木製或は粘土製の行火《あんか》があり、また寝床に入れるもっと小さな懐炉《かいろ》もある。懐炉の更に小型のものは懐ろのなかや帯の下に挿しこむのである、これはすっかり蓋のしまる金属製の匣《はこ》で、周りに小さな空気孔を穿ち外側に布が貼ってある。粉炭を圧縮し紙で葉巻型に巻いた懐炉灰をその中に入れて火をつけると、数時間燃えつづける。しかし燃えくずれた懐炉灰は、そのまま消えてしまうから少しも危険がない。このように寝床にも入れる保温器の類は様々であるが、いずれも熱湯を入れる湯婆《ゆたんぽ》より永く熱を保つし、また燃料の上からいっても経済的である。

これが日本で冬の寒冷を防ぐいろいろな方法である。日本人は室内の空気を温めるのではなくて、自分の身体だけを暖めるのである。それだから室の空気を温めるとどうしても避けることのできない危険――つまり空気中に浮游する塵埃《じんあい》が温められた部屋のなかを循環し、たえず換気法を行わないとじきに空気が濁ってしまうというような危険はない。日本家屋では換気の必要がないばかりか、むしろ通気はいつも過剰なくらいである。しかし炭火から飛散する灰が、坐ったり寝たりする座敷の畳のうえに落ちるのは何といっても否定できない。私達は、子供ばかりでなく大人までも手や頰に霜焼けをこしらえているのをしばしば見かけた。しかしそれは戸外にいたために――また子供なら外で遊んでいるうちに、――できたのであろう。或はまた、取りわけ夜になると部屋が非常に冷えるのでそれが凍傷の原因になるのかもしれない。それに女達には水仕事があり、冷たい水は両手を真赤にするのである。

日本の冬の観察から得られた結論はこうである、――世界諸国の北部地方の家屋は、その形式をもっぱら冬に順応させている、夏は比較的短くそのうえ日本風の建築形式が快適に感じられるような夏日が非常に少いからである。ところが日本家屋はこれとまったく反対である。日本人とても、寒冷な晩に北部ヨーロッパの農家で赤々と燃やしているストーヴの傍では、非常に快く感じるであろう。室内の空気が温いから、部屋のなかを自由に歩きまわることができるし、また厚いキモノを着て一家中の人達が狭い炬燵のなかにもぐりこんでいる必要もないであろう。日本の冬も短いものではない。日本を夏向きの国とのみ考えるのは危険な錯誤である。しかしこの国の温い太陽は、北アメリカやイタリーなどと同じ緯度をもつ日本の地理的位置に相応している。それだから日本では、ロシアやスカンディナヴィア地方のような緯度に適する家屋を建築することができなかったのである。北ドイツですら日本の北端よりも北にあり、北樺太と同緯度である。つまり日本は家屋とその生活とを日本の風土に適するように発達させたのであり、しかもこれを能うかぎり論理的に成就し得たのである。

奈良

東京は、日本の筋肉であり頭脳である。しかし日本の心臓は依然として、曾つて皇居の地であった京都である、京都はいまだに昔ながらの雅趣を保存し、今日でも本来の日本文化に変らぬ光をなげかけている。

京都は奈良についでこの国の首都となった。だが京都にある無数の社寺や離宮、優雅な茶室や住宅、庭苑、芸術品、なかんずく数百年の伝統を相承している工房で造られた工芸品などに見られるすぐれた趣味——日本語でいえば『味』をもつ一切のものは、すべて奈良の古都に由来している。奈良の盛時は第七ないし第八世紀であった。

数多くの社寺とあらゆる種類の芸術品とを集めた奈良は、いわば日本の博物館である、その上この平城京の条坊はのちの平安京よりも一層厳密であり、明かにシナの影響を示す第一のかつ最も重要な実例である。しかし奈良は、日本国民にとっては単なる博物館以上である。社寺は、日本国民の宗教的感情が集注する中心点として、或は団体で或はただ独り参詣する聖所であるばかりではない。これらの芸術品は、日本精神即ち日本人の典型的な文化力が、シナ大陸から渡来した外国の影響をいかに摂取し改鋳して、自己みずからの所有にしたかということを如実に証明しているのである。

それだから奈良は、現代日本にとって特に重要な象徴であると言ってよい、今日の日本は、奈良の示した範に倣ってこそ、現在この国を混乱に陥れている西欧の文明及び文化の圧倒的な影響を同化吸収して、自己みずからの文化を形づくり、こうして従属的な状態を脱却すべき勇気を逮得することができるのである。

しかし宗教的或いは国民的連想はしばらく措くとしても、精神的に最も自由な——換言すれば、最も教養ある日本人の心を強く把握するものは、伝統をもって飽和した奈良の雰囲気である。日本人が奈良に来てうける感銘は、ちょうどドイツ人ならマインツとか或はそのほか中世初期の大聖堂の附近で、また英国人ならロンドンやヨークの寺院の境内でうける印象と同様であろう。教養ある日本人ならば、かかる旧跡に遊んで中世と現代とを融合している土地のもつ特殊な魅力を感じるに違いない。また教養の豊かな欧米人が、奈良に来て受ける印象もこれとまったく同様である。

聖徳太子は第六世紀の末にこの地で仏教を熱心に弘布せられた。太子は今日でも木匠の守護者或は『守神』としてあがめられている方である。当時の大工は、職人であると同時にまた極めて精巧な技術と材料に対するすぐれた鑑識眼とをもち、加うるに建築についても頗る洗練された趣味を具えた工匠でもあった。京都には今日でもこのような大工が僅かながらも残っているのである。

日本の大工は、日本仏教の建設者たる聖徳太子を、木匠という職業の確立者として尊崇している。大工の業は、聖徳太子によって初めてすぐれた芸術的業績を成就し得たのである。このようにして大工は社会的にも高い地位を獲得したのであるが、しかしここにいたるまでには多大の忍耐と黽勉《びんべん》、数代に亘る伝承と哲学的態度とを必要とした。当時大工は、精神的古典の国たるシナが日本に及ぼした文化的影響を表示する特に顕著な指標であった。芸術的文化の諸他の領域——例えば絵画、彫塑、なかんずく鋳像（東大寺の盧舎那仏《るしゃなぶつ》は日本の鋳銅術の産んだ最初の大作である）及び工芸は、これによって著しく刺戟せられたのである。

奈良をつつむ雰囲気に宿る魅力は、この都が日本仏教の初期を代表しているところにある。当時、日本人は自由清新な気宇をもってシナの思想を摂取し、しかも豊かな創造力によってこれに改容を加えた、この精神は、世が降って徒らに華麗浮艶を事とした日光の建築に示されたものとはまったく異り、外面的な粉飾によって専ら権力を誇示する風は、いささかもなかった。奈良は、のちに出現した独裁者（将軍）のえせ芸術とはなんの関わりもない。成程このような非芸術は奈良でも、例えば比較的新しい東大寺の大仏殿などに示されている、またその悲しむべき影響は、奈良停車場に見ることができるであろう。しかしこれらのものは、もう本当の奈良ではないのである。

一般に外国人は、官庁発行の案内書やベデカーなどに賞讃せられているような事物に、東洋文化の源泉を求めようとする。しかし奈良に来たら、まず小規模ではあるが非常に古い簡素優雅な十輪院を訪ねて静かにその美を観照し、また近傍の風物や素朴な街路などを心ゆくまで味うがよい。それから建築の貴重な宝石とも言うべき新薬師寺に赴いて、何よりもまずそこの門や塀、植込などに見られる、えもいわれぬ自然的な美しさを仔細に観賞せねばならない、そうすると奈良の文化を、その源泉からじかに汲んだことになり、ここに初めて諸他一切のものに対する判断の標準を身につけることができるであろう。上に挙げた箇所は、『異国的なもの』を殆んどまったく含んでいないからである。これらの建築物やその周囲に示されているところのものは、すべて簡素の美である。それはあくまで清新純雅であり、ことさらに効果を狙おうとする不純な意図をひとつも蔵していない、このような効果は『観光客』の心を惹くものであるかもしれないが、しかし真の芸術や文化とはまったく没交渉である。

それから二月堂を訪れるのであるが、しかしこの有名な堂そのものよりも、むしろ附近の道路や小径の見事な配置とか、卓抜な構成をもつこの堂に登るための階段廊などの方が一層美しく感じられるであろう。また実際にもかかる観点から眺めてこそ、二月堂全体の結構に対して正しい関係を求め得るのである。

奈良は、いわば二つの中心点をもっている、その一つは奈良近郊にある法隆寺の大規模な伽藍《がらん》であり、いま一つは奈良市内の春日神社である。両者はいずれも十分に一日の観賞に値し、しかも仔細に観る必要がある。

法隆寺は、日本における初期仏教の最初の偉大な創造であり、ほぼ第七世紀のものである。広大な伽藍は、シナ風の厳格な左右相称が日本精神によって解きほぐされ、まったく日本化した自由な非相称的配置に従っている。同様に建築形式も、既にシナ風の重厚怪奇な形態を脱して、軽快高雅な性格を帯びている。たとえ建築そのものにはあまり興味をもたない人でも、金堂や夢殿或いは中宮尼寺に蔵せられている彫刻や絵画には（これは全世界の最も貴重なかつ最も美しい作品に属する）、最高の標準を達得した芸術品を見出すであろう。しかもこれらの芸術品は、博物館のうそ寒い陳列室で見るのとは異り、本来あるべき位置において観られるのである。実際、日本の博物館は陳列の仕方が拙いので、芸術品が最初置かれていた場所に投ぜられる光とか、またそこに置かれた目的などを想いみる便りすらも与えないのである。それだから博物館に陳列された美術品は、もと生えていた土地から無造作にひき抜かれた植物のように、元来の位置からむざと運び出されて美的、芸術史的分析（或は、解剖とさえ言えよう）の対象となるにすぎない。

法隆寺の観賞に費された一日は、いつまでも心の内奥に貴重な追憶として残るであろう。

他方奈良の市内にある春日神社は、法隆寺と対立する神道の建築であり、広大な規模をもつ絵のような神社である。両側に無数の石燈籠を列ねた参道、シナ建築の影響をとどめている門や廻廊、夥しい釣燈籠、建築的に見ても厳格な様式を具えている幣殿、――そして最後に純日本風の本殿が至聖所として森の奥に鎮座しているのである。春日神社は、日本の本原的な自然観及び世界観たる神道の綜合である。社殿はシナの影響を受けてはいるが、しかしその意味は法隆寺の場合とはまったく異っている。春日神社で支配的なのは、あくまで日本である、法隆寺では、日本は極めてすぐれた天禀《てんぴん》をもつ弟子にすぎなかった。なかんずく春日若宮は心ときめくばかり優雅である、そこには構成の美しさ、精神的自由、無比の芸術的敏感が剰《あま》すところなく顕示せられている。芸術は、ここでは法隆寺と異なり自然と共にある、――否、自然とひとつに融合しているのである。

有名な奈良の神鹿は、広い神域を隈なく通ずる道の到る処に姿を現わす、鹿は自動車を怖れない、鹿に害を加えたり殺したりすることは禁制だからである。彼等の敵は犬だけである。奈良の鹿は神苑、小径、自動車道、なかんずく奈良公園に一段と趣を添える景物である。

この公園はとりわけ奈良の傑作である、これは昔から真に民衆の遊園であった。広潤な地域は簡素であるけれども、藤波は長い房を垂れ、所々に見事な叢林が点在し、またゆるやかに起伏する芝生がある、何もかも英国のすぐれた公園を偲ばせる。そこから更に歩みをつづけると茶亭があり旅館がある。五重塔の傍らを通りすぎて猿沢の池のほとりに佇めば、池中には亀が群れ遊んでいる。池畔の掛茶屋で茶をくみ、日本人と共に古都の空気を心ゆくまで吸い、或はまた春日祭を見物し、夜は商店街でこの地の物産を研究する、これは実に素晴らしい行楽である。

奈良市は、以前十万以上の人口をもっていたが、今ではこれより遥かに下っている、しかし昔ながらの生命を保っていることには変りがない。古建築と古美術（博物館にもある）とに富む奈良が、日本の教養ある人々の心を惹きつけていることは、この国の社寺や史跡とまったく同様である。

奈良――耳には快い音調であり、心には大きな収穫である。

解説

篠田英雄

ブルーノ・タウトが、日本に滞在中、桂離宮及び伊勢神宮について書いたものを主とし、これになんらか関連しているものを従として、十五篇の文章を集めたものが本書である。題名は、二三を除き、他はいずれもタウト自身の附したものである。

タウトが、ナチス政権確立の前夜、即ち一九三三年二月末にドイツを脱出して敦賀に到着したのは五月二日であった。その晩京都に来て大丸の社長下村正太郎氏邸に客となり、越えて四日に、下村氏と京都の建築家上野伊三郎氏に案内されて桂離宮を拝観した、その折の観察と感想とを直ちに認めたものが『桂離宮』（二）である。当時ドイツの最もすぐれた現代建築家の一人であったタウトが、この最も日本的な古典建築の至宝をどう見るかは、我々にとっても極めて興味のある事柄であろう。果して彼は桂離宮は、日本美が剰さず開顕されているのを看破して文字通りに感激し、これに比しうる世界的建築はアテネのアクロポリスのみであると断言した。彼は日本美の本質を、日光廟のような無意味に華麗な装飾にあるのではなくて、深い精神的連関の表現する美しさにあるとした。前々からタウトは、自分の実地の経験に基づいて（彼は既にドイツで二万数千戸の住宅を建築していた）、建築に特有の美は釣合によって生ずるものであるという考を懐いていたのであるが、いま日本を訪れて、この理論が桂離宮において間然するところなく実現せられていることを見出したのである。爾来彼は、桂離宮に憚《はばか》りなく最大の讃辞を捧げているが、この感激は決してうわついたものではなく、彼が到達した建築美学の究意が、まのあたりに具現されているのを見たからである。日本に着いた翌々日に、しかも唯一回の観察で桂離宮の御殿及び庭苑全体に行き亘っているいわば重々無尽ともいうべき微妙な精神的連関を、直下にかつ剰さずに見抜いたことは、それだけでも驚くべき見識であるが、この『観ることの深さ』は、建築家及び芸術家としてのタウトの訓練された精神が、この無上の美に出会って集注し灼熱した結果にほかならない。

なおタウトが桂離宮の作者を小堀遠州としたところから、この『タウト説』なるものを史実的に誤謬であると指摘する人達もいるが、この非難は少く共タウトの桂離宮に対する観方とは勿交渉である。タウトを案内した上野氏は、彼の問に答えて、『歴史的には疑を挟まれているが、伝説としては小堀遠州が桂の建築家と見なされている』と答えたに違いない、それだからタウトも『伝説かも知れないが』という断り書づきで、小堀遠州を桂の作者と認めたのである。この方面で最近委曲を尽している研究は、森蘊《おん》氏の『桂離宮』（創元社刊）であろう。しかしこの書でさえも、幾多の推定を含み、桂の真の作者を指摘するにはなお現在の史料だけでは不足であることを告白している。ましてかかる周到な研究が発表されていなかった当時としては、上野氏とてもこう答えるよりほかに仕方がなかったろうし、またタウトはそれ以上史料を漁《あさ》ってまで作者の詮議立てをする必要がない計《ばか》りでなく、外国人にとってそのような仕事は不可能であることを自ら弁えていたのである。従って桂の作者に関するタウト説なるものはもともと存在しなかったのである。彼にとって重要なことは、日本におけるこの最高の古典的建築を自分の眼で見かつ評価することだけであった。

タウトはこの年の十月に、勧められて伊勢神宮に詣でた。彼は最初大神宮の写真を見て、建築的には大したものでないと考えていたので、余り多くの期待をもたなかったのであるが、さて行ってみるとここに、――特に外宮に完全無欠な釣合の美を発見して、日本建築に対する驚嘆を新たにした。タウトによれば、伊勢神宮は、桂の前段階における、換言すれば、大陸文化をまだ摂取同化していない原始日本の産んだ至純な建築であり、釣合の完璧と構造自体がそのまま建築になっているという点において世界無二の作品であって、まさに日本建築の聖祠である。こうしてタウトは、伊勢と桂とに日本建築の、従ってまた世界建築の最高の標準を見出し、常にこれを基準として一切の建築を観ていた。『私は日本建築をどう見るか』（一）は、かかる見解を簡明に叙述したものである。次に『日本の農家』（五）で、彼が日本における最も合理的な建築として、飛驒白川村の大家屋を挙げているのは注目に値する。白川の農家の建築的意義を初めて闡明したのもタウトであった。

タウトは日本に来る前もまた来てからも、日本に関する外人の著書をかなり多く読んで日本の理解に努めていたが、彼の見方――即ち同一の理性（ロゴス）は風土によって独自の、しかし合理的な開展をとげるものであるという文化史的方法から見ると、これらの著作はいかにも西洋的な独断的見地を脱却していないいわば超越的な日本批評であることにあきたらなかった。そこで彼は、自分の眼でじかに見た日本の文物を手がかりにして、そこから日本文化の根柢に存する日本人の精神状態ないし精神活動を究明しようと試みた。第二部の『日本文化の形相』に収めた五篇の文章は、とりどりの題目と内容とをもっているが、いずれもこういう観点に立つ彼の文化批評である。なかでも『床の間とその裏側』は、日本独特の創造であるところの床の間と、壁一重の裏側にある便所との対照を、芸術と現実生活との象徴であるとして、タウトらしいやや皮肉で警抜な見方を示している。また『日本人の心』（六）で、芸術の根柢としての『無心』を語り、『単純のなかの豊富』（七）で、吉田兼好の徒然草に示された日本人の考方を論じているのは、彼の東洋ないし日本に対する理解を示すものとして興味がある。

第三部の『日本の四季』（一一―一四）は、四季の移り変りに因んで日本家屋及び日本人の生活の必然性を究明しようと試みたものである。もちろんこれに文化批評を織合わせることは忘れていない。また日本の自然についての美しい叙述は、読んで楽しいものである。

最後の『奈良』（一五）は、タウトが二度遊んだ奈良の風物を叙して、古都の真の美しさは、有名な大仏殿などにあるのではなくて、法隆寺と春日神社境内、或は十輪院や新薬師寺などにあり、それどころか民家の間の小さな道や、ふとした広場などにもっと多く見出されると述べている。この文章は、元来外人向きに書かれたものであるが、タウトのこういう見方は、大方の外人には受けいれられないかも知れない。

以上の諸篇でタウトが常に念としたことは、日本文化に対する西洋風の批評、つまり西洋人が自分のもってきた尺度をむげに日本の文物にあてはめて、抽象的かつ偏狭に批評し去ろうとする傾向を排して、日本美をその成立の根拠、即ちロゴスから明めようとする内在的批評であった。ロゴスを持ち出すのは、西洋的だと言えるかも知れないが、しかしその方法はもっと普遍的なものである。理性を排除しては、批評は成り立たないからである。

タウトがトルコに去る際の送別会の席上で（三六年十月）、柳宗悦氏は『昔ハーンが古い日本の文化についてしたのと同じことを、タウト氏は日本の現代文化に対して果した』と述べたが、タウトは近代人として、また建築家として、ハーンよりも一層合理的であり、また遥かに視野が広いと言えるであろう。手近なものは却って我々の注意をひかないのを常とする。タウトが日本の美を、ややもすれば我々の忘れがちな日本文化の中から取りあげて、これに合理的な批評を加え、かつそれを彼独自の美しさをもつ文章に託したことは多としてよい。

タウトが日本に関して書いた独立の著作は、『ニッポン』、『日本の芸術』及び『日本の家屋と生活』の三著である（いずれも篠田訳、春秋社刊『タウト著作集』五巻中に収めてある）。また芸術としての建築の本質を論じた建築美学的な著作には『建築芸術論』（篠田訳、岩波書店刊）があり、これは日本を覧《み》た建築芸術論としてユニークな作品である。

中公文庫版解説

斉藤　理

今、私の目の前に一冊の本がある。一九三六年に出たブルーノ・タウトの著作で、『Grundlinien der Architektur Japans（日本建築の基礎）』と題する本だ。当時、タウトが華族会館にて講演した内容をまとめている。すべて襖紙《ふすまがみ》を使用しているという装丁が美しいこともあって、すでに幾度も手にし、折に触れ読み返してきた。わけても、その最後のくだりが私にはきわめて印象的である。

神道を源流とする造営物には洗練された趣が宿る、と評価する一方で、装飾に溢れた寺院建築には拙劣な代物もあり、今後日本の諸君は、つくり手の自由な創造性が反映された桂離宮（前者）を目指すのか、あるいは権力の誇示に終始した東照宮（後者）を範とするのか、その二者択一を読み手に迫っている箇所である。ここには上の二系統を示すタウトのスケッチ画（図1）も挿入され、後にこれは、タウトの日本観を言い表す模式図としてよく知られることとなる。

そもそもタウトは、こうした二つの極点を前提としながら持論を構築させていくことが多い。ドイツ時代においても、幻想的なユートピア論を展開させる傍ら、極めて現実的な

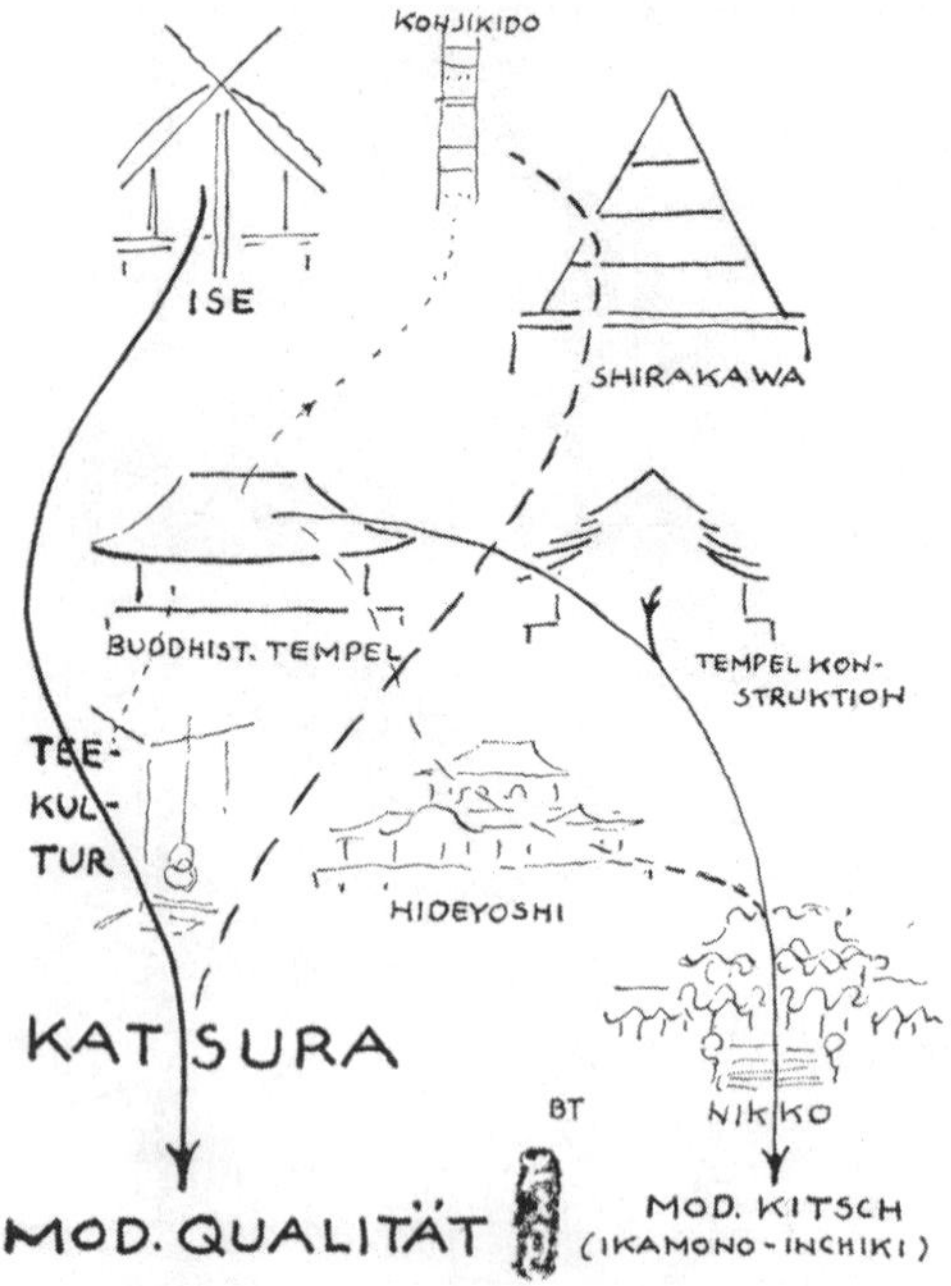

図1　桂離宮(左)と東照宮(右)を対比的に図示している。

住居内の諸設備に関する問題から建築論を起こすこともこなしている。そうした二本のポールの間を行き来することによって、両者の緊張関係を確認しつつ融合点を探っていくという思考法を持っていた。

タウトと言えば、桂離宮や伊勢神宮の美しさを賞賛し、その芸術的価値の高さを日本の内外に広めた人物、という評価が一般的であろう。本書『忘れられた日本』は、その桂離宮がなぜ評価し得るのかを示し、この傑作が生み出された文化的背景を順に追っていくという構成を採っている。タウトの日本論の核心に当たる部分を端的に理解できる書、と位置づけられるだろうか。「渋いもの」と「いかもの」など、明快な対比論を展開させながら、一つひとつの事象を綿密に観察し、良い点、悪い点を歯切れよく書き綴っていく。時にやや飛躍し過ぎではと思わせるところが無きにしも非ずだが、むしろそれもテキストを力強いものにしている。

そこから総体的に読み取れるのは、本来的に建築というものが、自らの文化・歴史を肥しとする大地にのみ根付くものであって、付けたりに生み出せる対象ではない、というタウトの建築観であろう。これは、次第に勃興しつつあったモダニズム・スタイルの建築を含め、「ハイカラ」な西洋文化を表層的に吸収し模倣すべきではないとする強い主張が込められている。

タウトは、一九三三年五月、時のナチスに追われる形で来日し、その後、一九三六年一〇月に大学教授としてイスタンブールへ招聘されるまでの三年半を日本で暮らし、仙台、高崎、東京、京都などを拠点に、講演や工芸指導に当たった。実施設計の機会に恵まれなかった日本時代の執筆活動はとりわけ旺盛で、幾度も版を重ねた『ニッポン』（一九三四）を皮切りに、それに続く『日本文化私観』（一九三六）、住居をめぐる習慣などをつぶさに書き留めた『日本の家屋と生活』（一九三七）など、名著が次々と生み出されていった。

これらの日本論は、第二次大戦の前後で日本人読者層に広く受け入れられていく。戦前は国粋的な世論のなかで、そして戦後は、あらゆるものを失い茫然となっていた人々の希望として。本書の初版は終戦まもない昭和二七年に刊行されたとあるから、やはり人々に自国の文化に対する誇りと自信を与えていたのだろう。

さて、問題はここからである。今日を生きる私たちは、この五〇年以上前に上梓されたテキストから果たして何を吸収することができるのか。「その答を探しに」とでも言おうか、タウトの造形を改めて眼で見て確かめるために熱海の「旧日向別邸」を訪れてみるというのはいかがだろう。タウトが日本に遺した建築作品のうち、現存する唯一の遺構である。

実業家日向利兵衛（一八七四―一九三九）のために設計された旧日向別邸（図2）。一九三五―一九三六年にかけて、この地下室内の改修をタウトが手掛けた。熱海の駅から程近い、海岸を見下ろす丘状の敷地にそれは立つ。

訪問者は、渡辺仁（一八八七―一九七三）が設計した上屋の玄関脇から、地下へとスッと人を招き入れるように伸びる階段を降りていく。次第にゆらゆらと揺れ動く緑陰が視界を占め、さらに数段、生垣のように繊細に造られた竹製の曲線階段を下りると、第一の間、社交室に出る。室内は、淡黄色の磨漆喰《みがきしっくい》の壁と、桐材の腰壁、天然の竹材から構成され、この暖色の要素が、窓外に広がる木々の青葉と心地よい視覚バランスを形成している。自然との調和、しかも色彩の力を以って実現されるその釣合いの妙は、まさしくここが

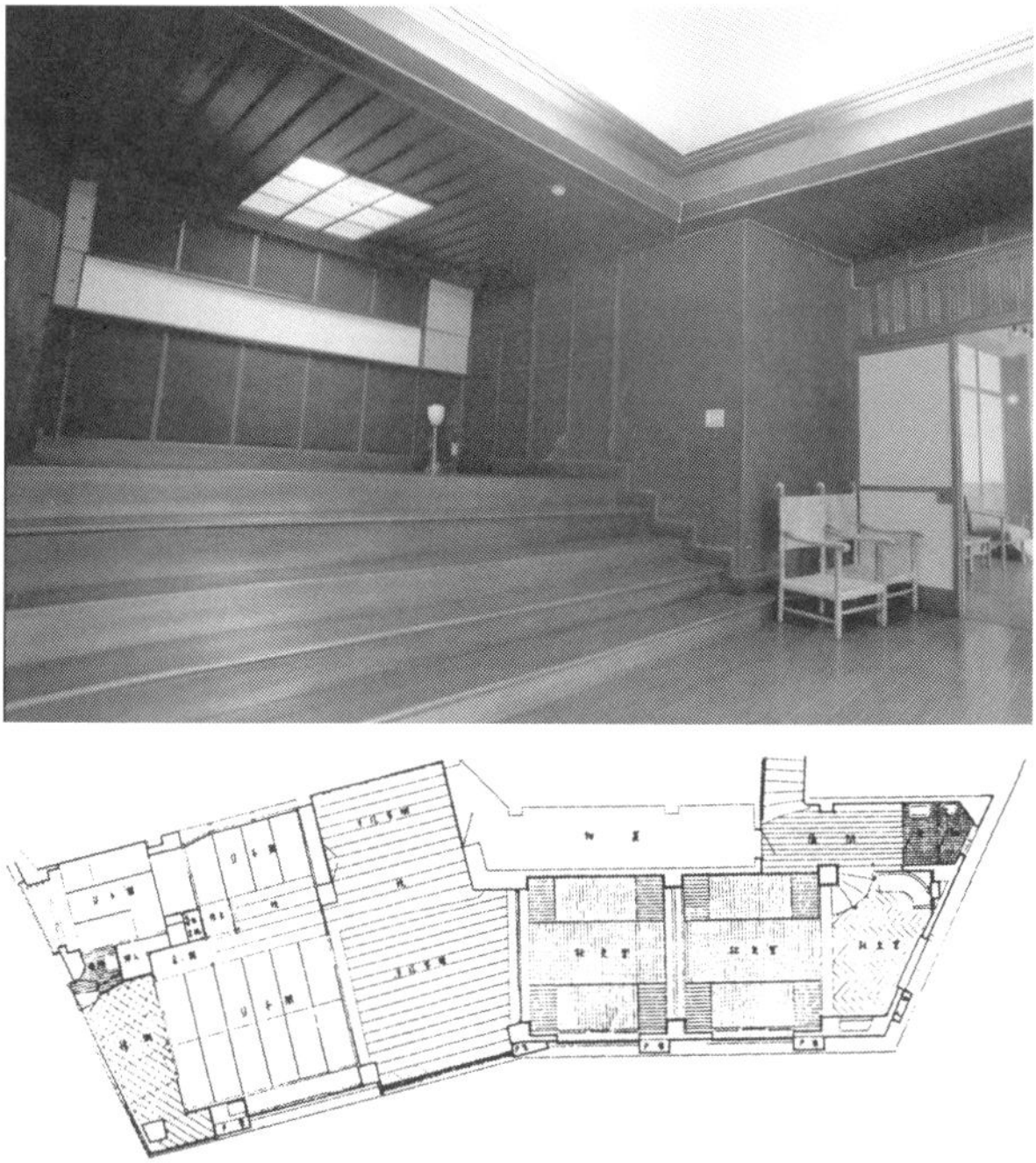

図2　旧日向別邸。右から、社交室、居間、日本間と続く。

タウトの創作物であることを見る者に印象付けている。タウトは一九一〇年代からベルリン近郊を中心として、建物の内外に色彩を多用したジードルングを数多く手掛けたが、その周辺を歩いていて得られる心地よさをここでも味わうことができる。

　頭上に眼を向けると、まるで漁火の如く賑やかにぶら下がる小さな裸電球が部屋の奥まで連続している。こうした類例を他で見ることは珍しく、この独特の造形からは、タウトの表現派時代の断片が垣間見られると言えよう。リズミカルに連なる照明に促されるようにして奥へ進むと、居間である。

タウトが手掛けた一連の改修のなかで、もっとも特徴的な彩色が試みられている部分であり、鮮やかな赤い空間が眼に飛び込んでくる。光線の具合により、ところどころ光沢感が見られるが、ここでは絹布を深紅に染色し、壁面に貼り付けるという手の込んだ工法が採られた。建設当時、この施工に携わったという方の証言によると、試色したサンプルの生地を持ってタウトの許を訪れると、ただ「これではない」とだけ言われるのだという。おそらくタウトには絶対色感のような鋭い感性が備わっていたのだろう。色見本帖などは使わず、感覚だけが頼りの確認作業を幾度か繰り返し、漸く完成に至ったのだという。つくり手の並々ならぬこだわりが伝わってくる逸話だ。

部屋を特色付けている数段の階段にも注目したい。これは、傾斜地に建てられていることから生ずるレベル差を活かした腰掛として考案された。階段と言うよりは家具・工芸品に近い趣だ。事実、蹴上の高さも踏面の刳《く》り型も一つひとつ異なった造りをしている。ここに座り、開け放たれた水平窓から遠方に霞む初島を静かに眺められるのである。まるで石庭にて沈思黙考するかのように、だ。

この赤い居間のさらに奥には、日本間が展開する。灰色を帯びた鶯《うぐいす》色の土壁の四周は、柿渋色に塗られた檜の柱梁部材が明確に分割し、めり張りの利いた雰囲気が支配する。部屋の中央にはコンパクトな折り畳み式の書机も設えられているが、こうした一切の無駄を省いた意匠もタウトが大変好んだものである。住居内のあらゆる無駄な調度品、ガラクタ類は捨て去り、代りに適切な造り付け収納を備えるのが良いという考え方は、既にドイツ時代に書かれていたタウトの著作『新しい住居　つくり手としての女性』（一九二四）の中でこと細かに提示されている。ここでは、様式こそ日本間ではあるが、その理念が実践されているのを認めることができるのである。

そういえば赤い居間の壁にも、小ぶりだが、細長い飾り棚とその脇に収納棚が造り付けてあった。タウトの理論から推し量るならば、これは床の間に飾る掛け軸の要領で、普段は色紙等を棚に収め、来客時など必要な時にだけそっと飾るようにと造られたものであろう。『アルプス建築』（一九一九）に代表される、実現不可能と思われる壮図を描いた建築家は、一方で実に細やかな生活上の配慮を施す現実派でもあったのだ。

地下の細長い空間は、このように手前の社交室から、居間、日本間と並ぶが、この連続空間を順に体験したとき、私は思わずハッとした。この特色ある部屋の構成は、タウト作品の何かに似ていたのである。やがて私の脳裏には、ベルリン近郊の「ダーレヴィッツの自邸」（一九二六／二七）（図3）を訪問したときのことがじわじわと思い出されてきた。それはドイツ時代のタウトが手掛け、来日までの間、自ら過ごした住宅である。日向別邸の居間に広がる深紅色や、室内の一部を窪ませニッチ状に設えている点、これらはまさしくダーレヴィッツの家においても認められる構成だったのである。

以前、当地を訪れたときの感動は今でも鮮やかに思い出される。人影もまばらな小さい郊外駅を降り、緑の生い茂る並木道を進んでいくと、やがて大木の隙間から目指すべき黒い壁の家が眼に入ってきた。なぜ黒いのかといえば、日中の太陽熱を効率よく吸収し、室内を快適にするためという。こうした合理的な理由付けを忘れないのもいかにもタウトらしいところである。

この住宅の平面形も変わっている。上から見ると「四分の一円」という珍しい形を持つが、こうすると建設費を大きく左右する外壁面を最小としながらも最大限の床面積を確保することができるという。この自邸の中央に扇型をした居間があり、この部屋の奥側の壁は日向別邸に見られる赤色系で、また窓側の壁は同じく社交室に見られた黄色系で構成されている。赤色は太陽光をより活き活きとさせ、また淡黄色は窓外に広がる自然の緑色が良く映える様にと施されたのだ。日向別邸においても同様の効果が期待されていたものと推測される。

また、深紅色と淡灰色との色彩的組み合わせや、暖色の部屋と寒色の部屋とを併置させ

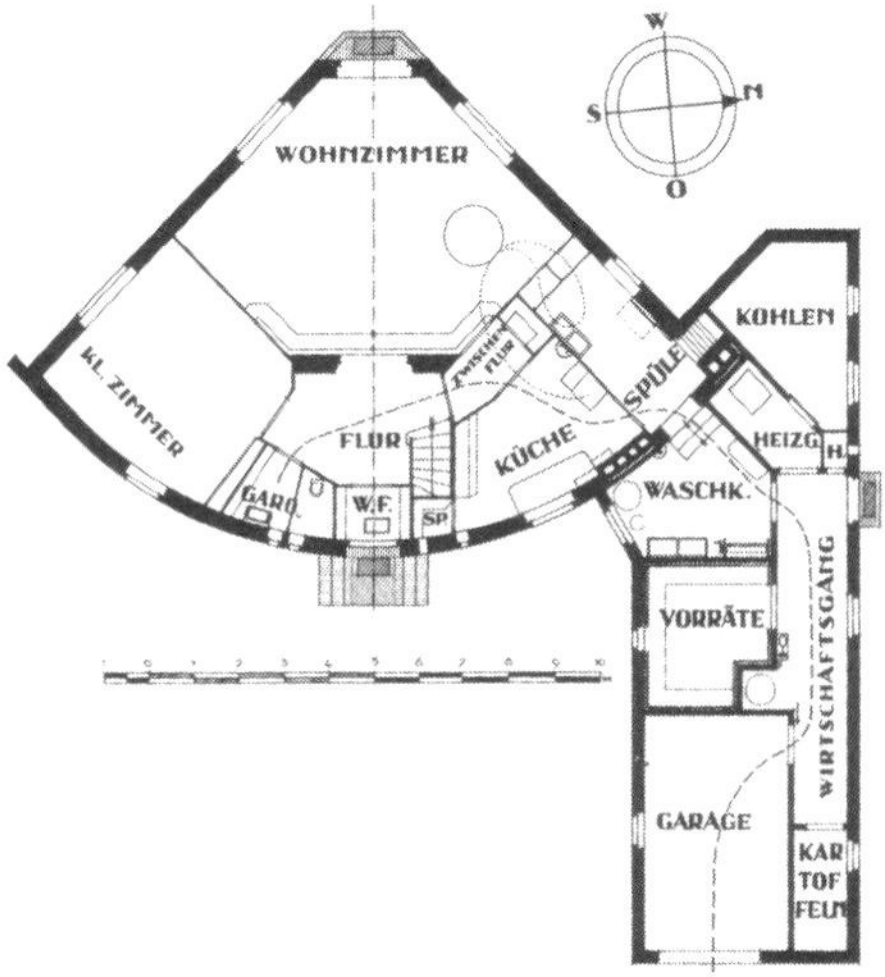

図3　ダーレヴィッツの自邸。中央上部の部屋が赤い壁の居間である。

ること、空間の連続性を意識した曲線階段の設え、ニッチ状の小スペースの有効活用、造り付け収納の多用など、ドイツ時代の自邸と日向別邸の類似性を裏付ける要素はそこかしこに散見される。タウトが両者の接点に触れたテキストは無いが、この日・独の遺産に通底する要素があることは指摘できるだろう。

従来、日向別邸の意匠は、「桂離宮始め日本の名建築から受けた感銘の再現」などというように、タウトが日本文化を吸収したことで初めて齎《もたら》された成果であるとする見方がやはり優勢であった。竣工した年の「アサヒグラフ」にも、「日本建築讃仰の結晶　タウト教授第二の試み　庭下に生れた熱海H氏別荘」などと紹介されている。ただ、その設えの一つひとつを来日以前の言説や作品と丁寧に繋ぎ合わせながら観察していくと、ドイツ時代に既に表明されていたタウトの設計思想が、実は通奏低音となって結実されていることが判る。表層を見ていただけでは分からない、そうした「読み取り」の機会をタウトは準備していたのかも知れない。今後、こうした解読を仔細に重ねていくことが、タウト理解を一層深める確実な道であろう。

二一世紀に入り、タウト建築をめぐる状況は大きく変わりつつある。二〇〇四年、ある篤志家の方の尽力で、日向別邸の保存が決まり、翌年から文化財としての公開も始まった。またドイツの動きに目を向けてみても、東西の壁が崩壊した後、ベルリンに遺るジードルング作品では塗色まで含めた保存・復元事業が加速し、その内の幾つかは世界遺産にも登録されようとしている。タウトの足跡を新たな視軸から再評価する気運は、日本でも母国ドイツでも高まっているのだ。

そうした意味で、もし本書が、今もってなおタウトの「日本文化礼賛者」としての側面ばかりに光を当てる資料として流布されるとしたら、あまり発展的ではなかろう。むしろ、この書をひとつの刺激として、タウトが自ら実践したように、深い洞察力を以って対象をとらえ、観察するという「眼」を養いたいものである。その「眼」こそ、物事の美醜を判断し、また新たな文化を創造し得る。まさに、『画帖桂離宮』（一九八一）の冒頭で、タウトが「眼が思惟する」と暗示的にしたためているように、である。

幸い日本の国内には、日向別邸を始めとしてタウトに所縁の地が多数あり、こうした場所場所を実際に訪ねながらタウトの建築論を再考してみることも可能である。例えば都内であれば、タウトが幾度も絶賛したという吉田鉄郎（一八九四―一九五六）設計の「東京中央郵便局」（一九三一）を前にしながら、その造形性について思いを巡らすこともできるだろう。タウトのまなざしを追体験するために本書を手に街に出る、是非そんな試みをされてみてはいかがだろうか。

さいとう　ただし　建築史家・東京大学客員研究員。訳書に、Ｂ・タウト著『新しい住居　つくり手としての女性』、『一住宅』（ともに中央公論美術出版　二〇〇四）など。

一、本書は一九五二年九月に刊行されたブルーノ・タウト著　篠田英雄訳編『忘れられた日本』（創元文庫）を底本とした。
二、原則として旧字体は新字体に改めた。また読みにくい漢字にはルビを付した。
三、度量衡を表す単位はカタカナに改めた。
四、国名、地名は当時の呼称のままとした。
五、本文中に今日の人権意識に照らして身分に関する差別語があるが、原著者、訳者が故人であることからそのままとした。

（編集部）

中公文庫

忘《わす》れられた日本《にほん》

2007年6月25日　初版発行
2021年11月30日　5刷発行

著　者　ブルーノ・タウト
編　訳　篠田《しのだ》英雄《ひでお》
発行者　松田陽三
発行所　中央公論新社
〒100-8152　東京都千代田区大手町1-7-1
電話　販売 03-5299-1730　編集 03-5299-1890
URL http://www.chuko.co.jp/

DTP　平面惑星
印　刷　三晃印刷
製　本　小泉製本

Published by CHUOKORON-SHINSHA, INC.
Printed in Japan　ISBN978-4-12-204877-5 C1152